Pert

Rhiannon Thomas

GOMER

Argraffiad cyntaf—1991

ISBN 0 86383 746 8

ⓗ Rhiannon Thomas ©

Argraffwyd gan
J.D. Lewis a'i Feibion Cyf., Gwasg Gomer, Llandysul, Dyfed.

I'm Mam,
gyda chariad a diolch,
y cyflwynir y nofel hon

1

Roedd Carol wedi bod yn gyrru ar hyd y draffordd am dri chwarter awr cyn iddi gyfaddef wrthi'i hun mai Emyr oedd yn iawn ac mai ffolineb oedd ymgymryd â'r fath siwrnai hebddo fo. Erbyn hynny, roedd y cwbl yn prysur droi'n hunllef o'i chwmpas, er bod popeth wedi mynd yn iawn ar y dechrau, yn ôl y cynllun a fu ganddi yn ei phen wrth ymadael.

Doedd o ddim yn gynllun pendant iawn, a phrin yr oedd hi'i hun yn ymwybodol beth oedd o yn union. Roedd hi mewn tymer mor wyllt ar y dechrau fel mai prin y sylwai ar yr hyn oedd yn digwydd yn y sedd gefn nac yn y byd oddi allan i'r car bach coch, ac fe'i cafodd ei hun rai milltiroedd o'i chartref, yn teithio ar gyrion Llundain, cyn i'w thymer ostegu digon iddi sylwi ar ddim.

Am ysbaid ar ôl hynny, roedd y bechgyn yn berffaith ddiddig yn y sedd gefn yn edrych ar y ceir a'r siopau a'r bobl ar y stryd-oedd, fel y gallai eu mam ganolbwyntio ar ddewis y lôn iawn wrth bob croesffordd a chwilio am yr arwyddion fyddai'n ei harwain at ddechrau traffordd yr M1. Wrth i Carol ysbarduno'r car bach yn ddidrugaredd tua'r gogledd, gallai glywed eu lleisiau'n parablu'n gynhyrfus am yr holl bethau a welent drwy'r ffenestri, a gwyddai mai felly'r oedd hi wedi disgwyl i bethau fod. Gallai ei chysuro'i hun nad ymddwyn yn fyrbwyll a wnaethai, ond paratoi cynllun brysiog yn ei phen a gweithredu arno'n syth.

Ond pan oedd hi wedi cau'r drws ffrynt yn glep ar brotest-iadau Emyr a chychwyn ar ei thaith, roedd Carol wedi disgwyl —nage, wedi cynllunio—y byddai Guto'n siŵr o syrthio i drwmgwsg y munud y byddai'r car ar y draffordd. Gallai hithau wedyn gynnal sgwrs fach bleserus efo Owain, oedd bellach bron yn bedair oed ac yn medru mwynhau sgwrs gall efo'i fam, nes iddo yntau hefyd ildio i gwsg.

Dyna fu'r hanes bob tro o'r blaen pan fuon nhw'n teithio'n ôl i Wynedd i dreulio'r Nadolig efo'r teulu. Ymhen chwarter awr wedi i Emyr droi trwyn y car tua'r gogledd ar yr M1, byddai'r ddau fachgen yn cysgu'n sownd a Carol yn estyn am ei gweu.

Hyd yn oed ar ddiwrnod cyffredin gartref yn Surrey, fe fyddai Guto'n cysgu'n ddi-ffael am ryw ddwyawr cyn cinio, ac ar ben hynny fe fyddai'n siŵr o hepian cysgu bob tro yr âi i rywle yn y car.

Ond heddiw, hyd yn oed â gwresogydd yn chwythu ac yn agored led y pen, doedd o ddim am gau ei lygaid. Roedd o wedi dechrau swnian cyn iddynt gyrraedd y drafffordd, ond roedd Carol wedi llwyddo i'w ddiddanu trwy estyn ambell lyfr neu degan iddo o'r bag wrth ei hochr. Ar yr un pryd, fe geisiai hi chwarae gemau sylwi efo Owain, cyfri ceir melyn, ceir brown, ceir glas, lorïau a bysiau nes i'r ddau alaru ar hynny. Yna, gêm o 'Am y cynta i weld . . .?', ond roedden nhw ar y drafffordd bellach a doedd dim llawer i'w weld ar yr M1. Ac felly wedi i Owain lwyddo i weld moto-beic a phont a ffôn a methu'n lân â gweld car heddlu, rhedodd Carol allan o syniadau ac o amynedd.

Erbyn hynny roedd Guto'n bloeddio nerth ei ben ac Owain hefyd yn eithaf piwis. Ceisiodd eu mam eu llonni trwy chwarae eu hoff gasét, Tomos y Tanc, ond aeth hi'n gymaint o ffrae rhwng y ddau fel na chlywent y tâp. Dim ond y ffaith eu bod yn sownd yn eu seddau ac allan o gyrraedd ei gilydd a'u cadwodd rhag ymladd yn gorfforol, ac oni bai ei bod yn teithio ar raddfa o saith deg milltir yr awr ar drafffordd brysur byddai Carol wedi troi rownd yn ei sedd ac ysgwyd y ddau ohonynt—er na fu iddi erioed wneud y fath beth o'r blaen. Fel yr oedd hi, bu ond y dim iddi fynd i gefn rhyw fws wrth weiddi ar ei meibion yn y drych yn hytrach nag edrych ar y ffordd.

Ei chynnig olaf i geisio tawelu pethau oedd dod o hyd i gerdd-oriaeth roc eithriadol o swnllyd ar y radio a'i droi i fyny'n fydd-arol o uchel. Roedd y tric hwnnw wedi gweithio o'r blaen ond heddiw wnaeth o ddim ond peri i Guto ac Owain floeddio'n uwch. A'r ennyd honno fe'i cafodd Carol ei hun yn difaru nad oedd Emyr yno. Fyddai'r bechgyn byth yn strancio fel hyn pan fyddai eu tad o gwmpas.

Trodd Carol y radio i ffwrdd yn sydyn, a pharodd y distawrwydd annisgwyl i'r ddau fachgen ddychryn digon i roi'r gorau i grio am funud.

'Dyna ddigon rŵan,' meddai eu mam, mewn llais a weithiai bob tro yn achos Emyr. Ond wnaeth y bechgyn ddim byd ond dechrau bloeddio eto, er gyda thipyn llai o arddeliad.

'Owain bach,' meddai hi wedyn, gan roi gwên fawr ffals ar ei mab hynaf yn y drych. 'Rwyt ti'n fachgen mawr. Does dim angen iti grio. Dywed di wrth Mam be sy'n bod.'

Dim effaith.

'Wwwwww!! Edrychwch! Awyren!!!'

Distawrwydd.

'Lle?' gofynnodd Owain yn ddagreuol, ond yn obeithiol.

'I fyny fan acw,' atebodd Carol, gan chwifio llaw ddiofal i gyfeiriad yr awyr.

Yn y drych, gwelodd ddau wyneb bach yn syllu ar i fyny a'r dagrau'n prysur sychu ar eu bochau. Roedd gwylio awyrennau'n ddifyrrwch beunyddiol gartref yn Surrey a theimlodd Carol ronyn o euogrwydd wrth eu twyllo. Craffodd hithau tua'r awyr fel petai'n ceisio gorfodi'r awyren ddychmygol i ymddangos uwch ei phen.

'Lle mae hi, Mam?' gofynnodd Owain eto.

'Mae hi wedi mynd y tu ôl i'r cwmwl mawr yna,' atebodd Carol, gan ychwanegu'n galonogol, 'efallai y daw hi'n ôl i'r golwg yn y munud.'

'Wyren mynd,' meddai Guto, ymhen rhyw funud, a'r dagrau'n bygwth eto yn ei lais.

'Do,' cytunodd ei fam, 'ond efallai y gwelwn ni un arall os daliwn ni ati i edrych.'

'Dwi isio diod, Mam,' meddai Owain.

'A Guto diod,' ychwanegodd ei frawd.

'A finnau hefyd,' meddai Carol, 'ond mae'r botel yn wag a fedr Mam ddim stopio'r car ar y ffordd brysur yma. Pan ddown ni i'r lle stopio nesaf mi awn ni i'r caffi, os ydych chi'n fechgyn da. Wnewch chi fod yn blant da a helpu Mam i chwilio am y caffi? Mi fydd yna arwydd mawr ar ochr y ffordd efo llun cyllell a fforc arno fo. Hwnnw ydi'r arwydd sy'n dweud wrthym ni pa mor bell ydi hi i'r caffi. Wnewch chi helpu Mam?'

Amneidiodd y ddau ben bach yn y drych.

'Rŵan 'ta, Owain, beth am ganu "Dacw Mam yn Dŵad" i Guto i basio'r amser nes inni gyrraedd y caffi?'

Roedden nhw wedi canu 'Dacw Mam yn Dŵad' dair gwaith a 'Mi welais Jac-y-Do' ddwywaith pan welodd Carol yr arwydd oedd yn datgan fod y gwasanaethau nesaf ymhen deunaw milltir. A chydag ymdrech arwrol, a stoc dda o hwiangerddi, fe lwyddodd i gadw'r bechgyn i ganu bob cam o'r ffordd yno.

Wedi dianc o'r car, cafodd y bechgyn egni newydd o rywle a dechrau rhedeg yn wyllt i bob cyfeiriad tra llusgai Carol ar eu holau'n wan fel balŵn wythnos wedi'r parti. Y cwbl yr oedd arni eisiau ei wneud oedd ffonio Emyr i ymddiheuro am y ffrae. Arni hi yr oedd y bai i gyd, arni hi a'r dymer wyllt honno a etifeddodd gan hynafiaid Ffrengig ei thad, meddai ei mam.

Ond roedd pob ffôn yn yr hen adeilad mawr hyll yn brysur, a nifer fawr o bobl yn sefyllian o gwmpas yn anniddig yn disgwyl eu cyfle i ffonio. Ac roedd y bechgyn yn tynnu Carol tua'r caffi am y ddiod a addawyd. Doedd dim amdani ond dringo'r grisiau i'r bwyty, a chan ei bod hi bron iawn yn hanner dydd, prynodd ginio i'r tri ohonynt er gwaethaf y prisiau dychrynllyd. Wedi'r cwbl, doedd dim disgwyl i'r bechgyn lwgu nes iddynt gyrraedd adref i Surrey.

Gwnaethpwyd y penderfyniad mor ddisymwth â hynny. Gwyddai Carol, yr eiliad honno, na fedrai wynebu gweddill y siwrnai heb Emyr, heb sôn am dreulio'r Nadolig a'i phen-blwydd hebddo. Ei hawydd hi i dreulio'r Nadolig efo'i theulu oedd achos y ffrae ond gwelai rŵan na allai fwynhau'r Ŵyl heb ei gŵr. Wedi'r cwbl, ef a'r bechgyn oedd ei theulu hi bellach.

Brysiodd i fwyta ei chig seimllyd a'i salad llipa er mwyn gallu ffonio Emyr i sôn am ei phenderfyniad. Ond nid oedd modd brysio'r bechgyn, oedd yn eu mwynhau eu hunain yn fawr. Erbyn iddynt fwyta eu sosej a'u sglodion a'u hufen iâ bob tamaid a mynd i'r lle chwech efo Owain ac i'r ystafell newid clytiau efo Guto, roedd awr a hanner wedi mynd heibio er pan adawsant y car, ac yr oedd Carol ar bigau'r drain yn poeni am Emyr ar ei ben ei hun yn y tŷ yn pryderu amdanynt hwythau. Byddai'n siŵr o fod o'i gof yn meddwl am y tri ohonynt ar siwrnai mor bell hebddo fo. A doedd fawr ddim yn y tŷ i'r creadur ei gael i'w ginio, chwaith. Doedd hi ddim wedi prynu bwyd gan eu bod nhw'n mynd i ffwrdd.

A dyna beth arall. Os oedden nhw am dreulio'r Nadolig yn Surrey, fe fyddai'n rhaid prynu llu o bethau. Ceisiodd Carol lunio rhestr neges yn ei phen fel y gallai ei throsglwyddo i Emyr dros y ffôn. Ond roedd hi'n anodd ofnadwy, gan nad oedden nhw erioed wedi bod yn eu tŷ eu hunain dros y Nadolig o'r blaen a doedd Carol erioed wedi gorfod prynu'r nwyddau Nadolig. Coeden, a thwrci, a phwdin Nadolig, a sôs llygeirin a chnau a hufen. Ac addurniadau, a chracyrs, a phethau i'w rhoi ar y goeden, a fferins i'r plant . . .

Prynodd Carol becyn o fferins bob un i'r bechgyn eu bwyta tra disgwyliai hi wrth y ffôn, a safodd yn amyneddgar â'r bechgyn o bobtu iddi, gan barhau i dicio eitemau i ffwrdd oddi ar y rhestr neges oedd ganddi yn ei meddwl. Ond wedyn penderfynodd mai'r peth gorau iddi ei wneud oedd gadael y rhan fwyaf o'r siopa tan yfory a gofyn i Emyr brynu twrci a choeden yn unig i ddechrau. Ac fe fyddai'n rhaid iddo ffonio'i mam i esbonio.

Petai Carol ond wedi gadael i Emyr ei ffonio hi neithiwr, ni fyddai'r un ffrae wedi bod ac ni fyddai hithau'n sefyll yn yr hen le annifyr yma'n disgwyl ei thro i gael ymddiheuro i'w gŵr. Fe fyddai Emyr wedi medru dweud wrth ei fam-yng-nghyfraith yn ddigon plaen, er yn gwrtais, eu bod nhw wedi ailystyried ac na fyddent wedi'r cwbl yn dod i dreulio'r Nadolig yn Nhyddyn Ucha' eleni.

Ond Carol a ffoniodd, nid Emyr. A rywsut, unwaith yr oedd Mam ar ben arall y lein, roedd hi'n amhosib ei siomi efo'r araith yr oedd hi wedi ei pharatoi mor ofalus. A dyna Emyr yn dod i mewn i'r gegin i chwilio am yr esgidiau sbonc roedd hi wedi eu glanhau ar ei gyfer a'i chlywed hi'n dweud wrth ei mam y byddent yno erbyn amser te. Gwylltiodd yntau'n gaclwm, a'r funud y rhoddodd Carol y ffôn i lawr, fe aeth hi'n ffrae, y ffrae waethaf a gafwyd rhyngddynt erioed.

Serch hynny, roedd Carol yn weddol sicr mai dod i gytundeb digon rhesymol fuasai diwedd y ffrae honno fel pob ffrae arall a gawsent, y bloeddio'n troi'n ddagrau a'r dagrau'n troi'n chwerthin a'r chwerthin yn troi'n garu. Ond neithiwr, a hwythau ar ganol ffraeo, cyn i'r geiriau gwenwynllyd orffen llifo dros eu gwefusau, fe ddaeth Jeremy i nôl Emyr ar gyfer eu gêm sbonc. Ac yn lle aros gartref i ffraeo efo hi, fe drodd ar ei sawdl ac aeth allan a'i wrychyn wedi codi.

Petai Emyr wedi dod yn syth adref am naw o'r gloch wedi'r gêm wythnosol, fe fyddai wedi canfod ei wraig yn ddistaw a pharod i gymodi. Ond wnaeth o ddim, a chododd tymer barod Carol drachefn. Er iddi gyfaddef wrthi ei hun ei bod hi'n anodd iddo ruthro i ffwrdd ar ôl y gêm a hithau'n dro Jeremy i fynd â'i gar, teimlai hefyd y gallasai ddod adref petai o eisiau dod. Erbyn hanner nos—a dim arlliw ohono—roedd Carol yn gandryll ond doedd ganddi neb i fwrw'i llid arno. Aeth i'w gwely â'i digofaint gyda hi.

I fod yn deg, wnaeth Carol ddim codi o'i gwely yn y bore'n chwilio am ffrae arall. Yn wir, er cymaint oedd y demtasiwn i ddeffro Emyr—oedd yn chwyrnu cysgu wrth ei hochr erbyn hynny—a rhoi pryd o dafod iddo am ei ddiawledigrwydd, fe benderfynodd mai cymodi oedd orau. Cododd yn ddistaw bach rhag deffro'i gŵr o'i drwmgwsg, parodd i'r bechgyn godi a'u gwisgo a'u hymolchi a'u bwydo cyn wyth ac yna gosododd y bwrdd, gan wneud yn siŵr fod popeth yn hyfryd a brecwast poeth braf yn barod ar gyfer Emyr pan godai. Gobeithiai y byddai ei hymdrechion yn ei roi mewn hwyliau da ac yn dangos iddo ei hawydd am fod yn ffrindiau unwaith eto.

Ond pan ddaeth Emyr i'r fei o'r diwedd—ac erbyn hynny doedd dim golwg lawn mor hyfryd ar y cig moch a'r wy a'r madarch—roedd ganddo ben mawr ar ôl y fath foliad o gwrw nas cawsai ers blynyddoedd, a doedd dim tymer ry dda arno. Yn wir, roedd o mor swta nes i dymer wyllt Carol ddod i'r wyneb eto ac i'r ffrae ailgychwyn cynddrwg bob tamaid â'r noson cynt.

Diwedd y gân fu i Carol ddatgan ei bod am fynd i Dyddyn Ucha' hebddo. Doedd y syniad erioed wedi croesi ei meddwl nes i'r geiriau lifo o'i cheg, ond wedi eu hyngan doedd dim amdani ond eu gweithredu. Aeth ati ar ei hunion yn ei thymer i bacio'r bagiau, sodro'r bechgyn yn eu seddau, ac anwybyddu Emyr pan ddywedodd wrthi am beidio â bod mor wirion â mynd â'r bechgyn ar ffasiwn siwrnai ar ei phen ei hun.

A rŵan roedd hi ymhell o gartref, yn difaru, ac eisiau dweud wrth Emyr mai fo oedd yn iawn a'i bod hi'n ei garu o a'i bod hi a'r bechgyn yn iawn—er wedi blino braidd—ac eisiau dod adre ato fo. A fedrai hi ddim oherwydd yr holl bobl wirion yma. Pam na fuasen nhw i gyd yn rhoi'r gorau i'w paldaruo iddi hi gael ffonio?

Ond pan gafodd afael ar ffôn o'r diwedd, doedd Emyr ddim yn ateb. Gadawodd hi i'r gloch ganu a chanu, ond doedd o ddim yno. Ceisiodd Carol osgoi llygaid y dyn bach blin oedd yn disgwyl i gael defnyddio'r ffôn ar ei hôl a deialodd eto, rhag ofn ei bod hi wedi gwneud camgymeriad y tro cyntaf. Canodd a chanodd y gloch unwaith yn rhagor, ond ni ddaeth llais cyfarwydd Emyr i'w chlyw. Doedd dim amdani ond rhoi'r derbynnydd i lawr ac ildio'i lle.

13

2

Camodd Carol oddi wrth y ffôn, ond daliodd i syllu arno, gan anwybyddu cwestiynau parhaus Owain a'r ffordd yr oedd Guto'n tynnu godre ei sgert. Doedd hi ddim yn deall. Roedd hi wedi bod mor siŵr y byddai Emyr yno ar bigau'r drain yn disgwyl iddi hi un ai ffonio neu ddychwelyd. Roedd o'n ei hadnabod hi'n ddigon da i wybod na fyddai ei ffit o dymer yn para'n hir. Oni bai am y bechgyn a'r drafferdd a'r bobl yn hawlio pob ffôn fe fyddai hi wedi cysylltu ag o ymhell cyn hyn. Ond rhwng un peth a'r llall, roedd dros bedair awr wedi mynd heibio er pan fu iddi'i adael.

Ei adael. Doedd bosib fod Emyr yn credu ei bod hi wedi ei adael go iawn, ei adael am byth, jyst fel'na, ar fyr rybudd? Na, doedd hynny ddim yn bosibl. Ac eto, onid oedd Emyr, fel Carol, wedi gweld yn ddiweddar fel y gallai'r person mwyaf cariadus a ffyddlon droi ei gefn ar briodas hapus yn sydyn ac anesboniadwy? Roedd ei thad wedi gwneud hynny, felly pam na allai hithau, Carol, y debycaf i'w thad o ran pryd a gwedd os nad mewn anian, wneud hynny hefyd? Ai felly yr ymddangosai i Emyr? Ac os felly, i ble'r aeth o? At bwy y trodd o am gysur wrth ddianc o'i gartre gwag?

Rhedai'r cwestiynau haerllug drwy ei hymennydd, un ar ôl y llall wrth iddi sefyll yn syfrdan yng nghanol yr orsaf wasanaethau. Lleisiau'r bechgyn a'i tynnodd yn ôl i dir rheswm. Roedd Owain wedi bwyta ei fferins i gyd a Guto wedi colli hanner ei rai o hyd y llawr. Ceisiodd Carol gysuro Guto a sicrhau Owain fod popeth yn iawn; yn wir, roedd hi'n falch o fedru ymateb i'w gofynion syml er mwyn hoelio ei meddwl ar y presennol ac ar y fan a'r lle, a thrwy hynny gadw'r cwestiynau ofnadwy draw.

Cerddodd y tri ohonynt yn ôl at y car ac agorodd Carol y drws cefn i'r bechgyn gael dringo i mewn.

'Ydi hi'n bell i dŷ Nain?' gofynnodd Owain wrth iddi blygu drosto i'w gau'n ddiogel yn ei sedd, a pharodd hynny i'w fam wneud un arall o'i phenderfyniadau sydyn. Doedd dim pwrpas iddi siomi'r bechgyn a siomi Mam hefyd er mwyn dychwelyd i wynebu Nadolig llwm yn Surrey.

'Ddim yn bell iawn, Owain bach,' meddai, ac anelodd y car tua'r gogledd. Tyddyn Ucha' amdani. O leiaf, os oedd hi am gael gwyliau torcalonnus, fe fyddai'r bechgyn yn cael y Nadolig a addawyd iddynt. Dechreuodd Carol eu diddanu drwy ddweud wrthynt am ryw Nadolig pell yn ôl, pan oedd Anti Lynda'n fabi bach fel Iesu Grist yn y llyfr stori Nadolig. Ceisiodd hefyd eu paratoi'n ofalus ar gyfer y ffaith na fyddai Taid yno eleni i chwarae efo nhw a chanu am oriau bwy gilydd. Aeth yr esboniad yn llawer mwy cymhleth nag yr oedd hi wedi bwriadu iddo fod ac roedd hi'n disgwyl i Owain dorri ar ei thraws unrhyw funud efo un o'i gwestiynau deifiol. Ond wnaeth o ddim, a phan edrychodd yn y drych, gwelodd fod y ddau ddyn bach yn y cefn yn cysgu'n sownd.

Tawodd Carol ac ochneidiodd. Dyna hanes plant, bob amser yn gwneud yn groes i'r hyn yr oeddech chi eisiau iddyn nhw ei wneud. Y bore yma, pan oedd hi eisiau llonydd i ganolbwyntio ar yrru, dim ond sŵn a ffraeo oedd i'w glywed. A rŵan, pan fuasai hi'n falch o fedru siarad efo nhw, dyma'r ddau'n mynd i gysgu a'i gadael heb neb ond y bwganod yn gwmni ar y daith hir o'i blaen.

Bob tro y deuai at lôn yn arwain oddi ar y draffordd, ysai Carol am gael troi'n ôl i'w chartref yn Surrey, a mynd i chwilio am Emyr. Ond glynodd wrth ei phenderfyniad a pharhau â'r siwrnai er lles y plant.

A sut bynnag, ble yr âi i chwilio am Emyr? Doedd ganddo neb i droi ato. Ffrindiau digon arwynebol oedd ei gyfeillion i gyd—ffrindiau yn y gwaith, ffrindiau sboncen, ffrindiau rygbi ac ati, ond nid ffrindiau go iawn y gallai droi atynt am gysur a lloches yn ei drallod. Yr unig ffrind felly a fu ganddo erioed oedd Carol ei hun.

A doedd ganddo ddim math o deulu chwaith heblaw am ryw fodryb mewn cartref henoed yn Sir Fôn ac roedd honno wedi colli arni ei hun ers blynyddoedd. Unig blentyn i rieni oedrannus oedd o, ac roedd ei dad a'i fam wedi marw o fewn chwe mis i'w gilydd cyn iddo briodi Carol. Hynny mewn gwirionedd oedd wrth wraidd y trybini, anallu dyn dideulu fel Emyr i ddeall pam yr oedd treulio'r Nadolig efo'i theulu bob blwyddyn mor bwysig i Carol, a pham yr oedd hi a phawb arall o'r teulu wedi bod mor siomedig pan na ddaeth Sandra adref y llynedd, gan adael lle gwag wrth y bwrdd pan oedd Dad yn rhannu'r twrci.

Nes i Emyr brotestio eleni, doedd Carol erioed wedi sylweddoli nad oedd o'n mwynhau'r Nadolig efo'i theulu hi yn Nhyddyn Ucha'. Ymddangosai'r un mor hapus â phawb arall ar yr hen aelwyd, a theimlai Carol iddo ffitio i mewn cystal â phetai wedi ei eni i'w plith.

Ond pan ddywedodd Emyr ym mis Medi eleni y buasai'n well ganddo iddynt dreulio'r Nadolig yn deulu bach yn Surrey am unwaith, cytunodd Carol. Eto, ddywedodd hi'r un gair wrth Mam a Dad, yn rhannol am ei bod yn gwybod y byddai'r newyddion yn peri loes iddynt, ac yn rhannol am ei bod yn rhyw hanner gobeithio y newidiai Emyr ei feddwl ac y gallai hi fwynhau'r Nadolig teuluaidd yn Nhyddyn Ucha' unwaith eto. Wedi'r cwbl, dyna oedd uchafbwynt pob blwyddyn iddi hi.

Ac yna, ddiwedd Tachwedd, heb rybudd nac esboniad, daeth y llythyr syfrdanol hwnnw oddi wrth Dad yn dweud yn ffurfiol a chryno ei fod o a Mam wedi gwahanu.

Fe gymerodd wythnos gyfan i Carol ddechrau credu'r peth. Dad, ei thad hi, o bawb, wedi troi ei gefn ar ei wraig a gadael ei deulu'n amddifad! Dad, oedd wedi byw er mwyn ei deulu bob amser, oedd wedi dewis treulio ei amser hamdden yn crwydro'r llethrau efo'i blant neu'n tynnu lluniau pensel dirifedi i'w difyrru am fod yn well ganddo bleserau syml felly na chwmnïaeth y dafarn na'r seiat na'r clwb garddio. Dad, a ddywedodd ganwaith fod yn well ganddo glywed sŵn llais Mam yn siarad na chyngerdd gan gerddorfa orau'r byd ... Ym marn Carol bu'n dad perffaith ac yn ŵr penigamp, ac eto mae'n

16

rhaid nad oedd o'n caru ei deulu hanner cymaint ag a feddylient, gan iddo godi ei bac a chefnu arnynt bob un.

Doedd dim amheuaeth ym meddwl Carol wedi derbyn y llythyr. Roedd yn rhaid iddi hi a'r lleill dreulio'r Nadolig efo Mam i ddangos iddo fo ac i'r byd fod ei ymgais erchyll i chwalu'r teulu'n deilchion wedi bod yn ofer. Er bod y tad wedi eu hamddifadu, fe safai'r teulu Le Grand efo'i gilydd yn gadarn yn Nhyddyn Ucha' fel o'r blaen.

O'r adeg honno ymlaen, bu'r ffrae a ddigwyddodd neithiwr yn anorfod, er bod Carol wedi gwrthod cyfaddef fod dim o'i le. Roedd hi'n siŵr y byddai Emyr yn cytuno fod mynd i Dyddyn Ucha'n angenrheidiol dan yr amgylchiadau newydd hyn. Ni allai gredu ei fod o ddifri'n *casáu* treulio'r Nadolig efo'i theulu hi. Petai hynny'n wir, siawns na fyddai hi wedi sylwi ar rywfaint o'r atgasedd hwnnw yn ystod y chwe Nadolig a rannodd y ddau efo'r teulu er adeg eu priodas.

Tybed a fu Emyr dros yr holl flynyddoedd hynny'n magu dicter tuag at ei chartre, ei theulu, ac yn y diwedd tuag ati hi'i hun? Onid oedd hi wedi deall ei deimladau ar y mater yma, efallai nad oedd hi'n ei adnabod gystal ag yr oedd hi wedi meddwl. Yn yr un modd nad oedd Mam ar ôl chwarter canrif o briodas wedi gwir adnabod y dyn a gerddodd allan o'i bywyd hithau mor ddisymwth fis yn ôl . . .

Ceisiodd Carol ganolbwyntio ar y drafnidiaeth o'i chwmpas wrth droi o'r M1 i'r M6. Ceisiodd hoelio ei sylw ar enwau'r lleoedd ar yr arwyddion ffyrdd ac ar y teithwyr yn y ceir eraill o'i chwmpas. Ceisiodd sylwi ar bopeth heblaw'r bwgan bach oedd yn prysur sibrwd yn ei chlust nad oedd hi'n adnabod Emyr o gwbl, fod rhannau o'i fywyd oedd yn hollol ddieithr iddi.

Beth a wyddai mewn gwirionedd am ei fywyd bob dydd yn ei waith a'r bobl yr oedd o'n cymysgu efo nhw bum niwrnod yr wythnos? Dim ond yr hyn a ddywedai wrthi ar ôl dod adref am ei de. Beth a wyddai am ei nosweithiau sbonc a'r sesiynau rygbi ar ddydd Sadwrn? Pa brawf oedd ganddi hi mai dim ond mynd allan am beint efo'r bechgyn a wnâi ar ôl pob gêm? Tybed a oedd hi'n bosibl fod yna ddynes arall, a thybed a oedd ei hym-ddygiad afresymol hi'r bore hwnnw wedi rhoi'r union esgus yr oedd arno'i eisiau i ddianc i freichiau honno am byth?

'Na,' meddai Carol yn uchel, gan roi ei throed i lawr yn ffyrnig ar y sbardun a gwibio heibio i lorri ddodrefn.

'Na,' meddai hi eto. 'Ddim Emyr. Fuasai o byth yn gwneud.'

Ac eto, fis yn ôl fyddai hi byth wedi credu chwaith y byddai Dad yn mynd i ffwrdd fel y gwnaeth o.

Craffodd Carol ar ei horiawr yn y gwyll. Pedwar o'r gloch, bron iawn. Edrychodd ar y bechgyn yn y drych. Roedden nhw'n cysgu'n ddigon trwm iddi fedru mentro rhoi'r radio ymlaen heb eu deffro. Rhywbeth i gau'r hen feddyliau gwirion yna allan o'i phen. Petai hi'n mynd yn ei blaen fel yna byddai hi'n dechrau dychmygu cyn bo hir fod Emyr yn aelod o'r KGB neu rywbeth. Pe bai hi wedi medru ffonio, siawns na fyddai Emyr yno efo esboniad digon rhesymol pam na allai ateb y ffôn amser cinio. Efallai mai dan y gawod yr oedd o a heb glywed cloch y ffôn, neu efallai iddo bicio allan i'r siop i nôl sglodion.

Dywedodd yr arwydd nesaf fod Telford yn agosáu ac roedd hi'n demtasiwn fawr i stopio a ffonio. Ond tra cysgai'r bechgyn, byddai'n beth gwirion iddi stopio'r car a'u deffro. Aeth Carol yn ei blaen, er ei bod yn loes i'w chalon fod pob milltir yn ei gwahanu fwyfwy oddi wrth Emyr. Ac felly y bu, gyrru a gyrru a phoeni a dyfalu, a'r bechgyn yn dal i gysgu.

Roedd hi wedi dechrau nosi go iawn erbyn i Carol droi oddi ar y draffordd ac roedd hi fel bol buwch pan ddeffrôdd Owain ar gyrion Llangollen, gan ofyn am ddiod.

'Fedri di ddisgwyl am dipyn bach mwy, Owain?' gofynnodd ei fam. 'Mi fyddwn ni yn nhŷ Nain cyn bo hir.'

'Na. Dwi isio diod rŵan.'

'Helpa di Mam i edrych am siop, 'te.'

Ac ymhen ychydig funudau gwelodd Carol yr ateb i'w gweddïau i gyd, sef siop efo ciosg ffôn y tu allan iddi a lle i barcio gerllaw. Prynodd sudd oren a phecyn o greision bob un i Owain a Guto ac wedi eu setlo'n ôl i fwyta'n ddiddig yng ngolau'r lamp stryd uwch eu pennau, rhuthrodd am y ciosg efo llond dwrn o ddarnau arian. Ond unwaith eto doedd dim ateb. Ceisiodd Carol ei darbwyllo ei hun fod Emyr wedi picio i'r drws nesaf neu wedi mynd draw i dŷ Jeremy. Ond buasai'r Emyr roedd hi'n ei adnabod wedi aros wrth ymyl y ffôn yn pryderu am ei wraig a'i feibion. Efallai nad oedd hi'n adnabod ei gŵr ronyn yn well nag yr adnabu ei thad.

Doedd dim sŵn crio i'w glywed o'r car, felly penderfynodd Carol ffonio Tyddyn Ucha' i adael i Mam wybod y byddai hi a'r bechgyn yno ymhen rhyw dri chwarter awr, ond roedd yna rywun ar y ffôn. Ta waeth. Byddai yno cyn bo hir.

Yn ôl yn y car, roedd y bechgyn wedi gorffen bwyta ac yfed ac yn dechrau cwyno eu bod yn oer, felly dringodd Carol yn ôl i'r sedd yrru a throdd y gwresogydd ymlaen. Doedd ganddi ddim amser i hel meddyliau rŵan. Roedd yn rhaid iddi siarad yn ddibaid efo'r bechgyn i'w cysuro yn y tywyllwch. Siarad am Siôn Corn, a chinio Nadolig a'r ddau wely bach clyd y byddai Nain wedi eu cynhesu ar eu cyfer yn Nhyddyn Ucha'. Wnaeth hi ddim sôn mai dim ond am heno y byddent yn cael mwynhau'r gwelyau hynny gan eu bod yn dychwelyd at eu tad ben bore yfory.

A rywsut, fe lwyddodd Carol i barhau i siarad nes i'r car bach coch droi oddi ar y briffordd a dechrau dringo'r llethrau.

'Bron iawn yno rŵan, fechgyn,' meddai, a dechreuodd ddangos iddyn nhw yng ngolau'r car—fel bob tro arall—y capel lle'r arferai hi fynd i'r Ysgol Sul, y gornel lle byddai hi a'i brawd a'i chwiorydd yn dal y bws i'r ysgol, y ffos y disgynnodd iddi oddi ar ei beic yn naw oed ... nes troi wrth dalcen tywyll y Tyddyn Isa' ar hyd y lôn gul droellog a arweiniai ymhen hir a hwyr i Dyddyn Ucha'.

Ac yna'n sydyn, dyna fo o'i blaen hi, y tŷ lle'i magwyd hi, yn sefyll yn gadarn ym mhob drycin, a'r goleuadau a lifai o bob ffenest, bron, yn gwneud iddo edrych yn hynod o groesawgar ar noson oer fel heno.

19

Anelodd Carol y car am y llain fechan o dir gwastad wrth ymyl y drws cefn, a chafodd sioc go hegr! Yno yng ngoleuadau'r car, credodd Carol am funud iddi weld ei thad yn cerdded tua'r tŷ â llond ei freichiau o goed i'w rhoi ar y tân. Am eiliad, llanwodd ei chalon â gorfoledd. Ond na . . . nid Dad oedd o wedi'r cwbl, ond rhyw ddyn canol oed oedd yn gwisgo côt law a chap fflat tebyg i'r rhai a wisgai Dad a miloedd o ddynion eraill o'r un oed. Doedd y dieithryn ddim mor dal â Dad nac mor osgeiddig ei gerddediad.

Eto i gyd, pwy bynnag oedd o, roedd golwg gyfeillgar arno. Y munud yr agorodd Carol ddrws y car, fe osododd ei lwyth i lawr ger y drws cefn a chamu tuag ati gan estyn ei law.

'Chi ydi Carol, mae'n rhaid,' meddai wrthi mewn llais cryf, hyderus. 'Mi ddywedodd eich mam y byddech chi yma gyda hyn. Tecwyn Hughes ydi'r enw. Fi sy'n byw i lawr yn y Tyddyn Isa' er y Pasg. Mi fydda i'n medru helpu'ch Mam weithiau efo . . .'

Ond nid oedd Carol yn gwrando. Yr oedd hi wedi gweld ffurf dyn arall yn camu'n bwrpasol tuag ati o gyfeiriad y tŷ; dyn mawr, llydan ei ysgwyddau—chwaraewr rygbi o ddyn.

'Emyr!' gwaeddodd, gan redeg ato a'i gofleidio. 'Sut doist ti yma?'

'Trên. Ac mi fu Mr Hughes yma mor garedig â dod i fy nôl i o'r orsaf.'

Ac efo gwên chwareus ar ei wyneb, anwybyddodd Emyr bob un o gwestiynau eraill ei wraig gan blygu ei ben i mewn drwy ddrws agored y car.

'Wel, hogia!' meddai. 'Sut siwrnai gawsoch chi?'

3

Agorodd Emyr y ddau fachyn oedd yn dal ei feibion yn sownd yn eu seddau, a neidiodd y bechgyn i'w freichiau.

'Ges i sosej mawr a bîns a "chips" mewn caffi,' meddai Owain.

'A sôs coch!' gwaeddodd Guto.

'Dau lond bag o sôs coch,' ychwanegodd Owain yn feiddgar. Roedd o'n gwybod yn well na'i frawd beth oedd barn Dadi am bobl oedd yn boddi blas bwyd da efo sôs coch.

'Ac roedd 'na ddyn efo locsyn gwyn 'fath â Siôn Corn,' meddai Owain wedyn.

'Rargian fawr!' chwarddodd Emyr. 'Ella mai Siôn Corn oedd o?'

Ysgydwodd Guto ei ben yn ffyrnig.

'Naci siŵr, Dad,' oedd ateb Owain, ei lais yn llawn o wawd at y fath haerllugrwydd. 'Mae Siôn Corn yn brysur yn pacio teganau, 'tydi Mam?'

'Ydi, Owain. A doedd gan y dyn yn y caffi ddim dillad coch, nac oedd?'

'Guto byta lot o sôs coch,' meddai'r bychan eto, a chwarddodd pawb, gan gynnwys Mr Hughes, oedd yn dal i sefyllian gerllaw.

Ysai Carol am iddo fynd, iddi hi gael gair efo Emyr cyn gweld ei mam. Roedd hi'n bwysig iddi ddarganfod pa stori a ddywedodd i esbonio pam ei fod o wedi dod ar y trên, fel y gallai hithau adrodd yr un stori. Ond roedd y Tecwyn Hughes yma'n dal i hofran, heb orffen ei gyflwyno ei hun, debyg. Penderfynodd Carol fod yn neis wrtho, yn y gobaith y byddai wedyn yn diflannu.

'Mae'n ddrwg gen i, Mr Hughes,' meddai, gan droi ato efo'i gwên ffals orau un. 'Dydyn ni ddim fel arfer mor anghwrtais â hyn. Mi fuasech yn meddwl nad ydi'r bechgyn wedi gweld eu tad ers misoedd. Roeddech chi ar ganol dweud wrtha i eich bod chi wedi dod i fyw i'r Tyddyn Isa'.'

'Does dim angen ichi ymddiheuro,' atebodd yntau. 'Mae gennych chi fechgyn bywiog iawn.'

'Maen nhw'n waeth nag arfer ar ôl bod yn llonydd yn y car cyhyd. Dewch i ddweud hylô wrth Mr Hughes, fechgyn. Owain ydi hwn, a dyma Guto.'

'Rydw i wedi clywed amdanoch chi gan eich nain. Mae'n dda gen i'ch cyfarfod chi yn y cnawd, 'te.'

'Ydach chi'n setlo'n iawn yn y Tyddyn Isa'?' gofynnodd Emyr.

Safodd y pump ar y gwelltglas yn y tywyllwch a'r oerfel yn gwrando ar Tecwyn Hughes yn esbonio'n fanwl dros ben sut y bu iddo dynnu'r hen le tân allan o'r gegin a gosod stof Aga yn ei le. Yn y cyfamser roedd Carol ac Emyr yn fferru a'r bechgyn yn aflonyddu eisiau gweld eu nain.

Ac wedyn roedd hi'n rhy hwyr. Daeth Olwen Le Grand at y drws cefn i weld ble'r oedd pawb.

'Nain!!' bloeddiodd Owain a Guto efo'i gilydd, gan ruthro i'w chofleidio.

'Dewch i'r tŷ, da chi,' meddai honno wedi rhoi sws fawr bob un i'w hwyrion, 'neu mi fyddwch wedi sythu!'

Brysiodd Carol i gofleidio'i mam, gan chwilio'i hwyneb am arwyddion trallod. Ond yn wir, yr unig newid amlwg oedd ei bod hi ychydig yn deneuach nag arfer. Yn sicr, roedd hi'n go anniddig wrth brysuro i baratoi paned a thamaid o gacen i bawb i aros pryd, ond diau bod hynny oherwydd bod y dyn Hughes yma'n mynnu aros a phaldaruo am ble y cawsai'r coed derw ar gyfer y silffoedd newydd yn y lolfa ... Buasai hi'n amlwg i unrhyw ddyn call fod y teulu eisiau llonydd i sgwrsio ymysg ei gilydd. Ofnai Carol ei fod yn aros am ei fod o, fel hithau, wedi clywed yr arogl hyfryd a ddeuai o'r stof yn y gegin ac na fyddai gan ei mam ddim dewis ond ei wahodd i rannu eu swper. Rhyddhad oedd ei weld yn codi o'i gadair a dweud fod ganddo datws-pum-munud yn yr Aga ac y byddai'n well iddo ei throi hi.

'Da bo' chi rŵan,' meddai, gan dynnu ei gap o'i boced. 'Mae'n siŵr y'ch gwela i chi eto dros y gwyliau.'

'Diolch eto am fy nôl i o'r stesion,' cynigiodd Emyr.

'Mi ddo i i'ch danfon chi,' meddai Olwen. 'Arhoswch chi, fechgyn, fan hyn wrth y tân rhag ichi oeri. Mi ddaw Nain i hulio swper cyn pen dim.'

Caeodd Olwen ddrws y parlwr yn ofalus ar ei hôl, a throdd Carol ac Emyr ar unwaith i edrych ar ei gilydd.

'Sori,' meddai'r ddau ohonynt yn unsain, a dechrau chwerthin. Rhoddodd Emyr ei freichiau mawr am ei wraig i'w chusanu, ond ar ôl un gusan go sylweddol, tynnodd Carol ei hun o'i afael efo chwerthiniad bach hapus.

'Paid am funud rŵan, Emyr,' meddai, gan gymryd ei law yn ei dwylo hi a'i gwasgu. 'Mi fydd Mam yn ei hôl gyda hyn. Sut esboniaist ti pam oeddet ti wedi dod ar y trên?'

'Dweud dy fod ti wedi 'ngadael i'n unig ar drothwy'r 'Dolig ac nad oedd gen i unman i fynd os nad oedd hi'n barod i 'nghymryd i,' atebodd Emyr, gan ffugio llais torcalonnus, ond a'i lygaid yn llawn chwerthin.

'O, paid â herian, Emyr, dydi o ddim yn ddoniol! Mi rydw i wedi poeni gymaint ar y ffordd yma. Chredet ti byth hanner y pethau ofnadwy aeth drwy fy meddwl i. Mae'n wir ddrwg gen i imi ymddwyn fel yna ac mi rydw i'n addo y cawn ni Nadolig bach i ni'n hunain y flwyddyn nesa . . .'

Ond chafodd hi ddim gorffen dweud ei phwt gan i Emyr ei thynnu ato i'w chofleidio a'i chusanu'n dyner.

'Ro'n i ar fai hefyd, 'nghariad i,' dywedodd yn ddistaw. 'Ond beth sy'n bwysig ydi ein bod ni'n ôl efo'n gilydd a wnawn ni ddim gadael i ddim byd achosi rhwyg fel'na rhyngom ni byth eto, yn na wnawn?'

'O na, byth eto,' cytunodd hi, a chusanodd y ddau eto.

Pan agorodd ei llygaid, gwelodd Carol dros ysgwydd Emyr fod dau fachgen bach chwilfrydig yn eistedd ar y mat wrth eu traed yn syllu i fyny ar eu rhieni a'u cegau ar agor. Fedrai hi wneud dim ond chwerthin, a phan welodd Emyr beth oedd achos ei rhialtwch, ymunodd yntau yn yr hwyl.

'Dim ond rhoi sws fach i Mam i ddangos iddi faint dwi'n 'i charu hi,' meddai Emyr wedyn, gan godi Owain i eistedd rhyngddo ef a Carol ar y soffa fawr. 'Does dim angen ichi edrych mor syn!'

Plygodd Carol hithau i godi Guto a'i osod i eistedd ar ei glin, a cheisiodd roi'r gorau i chwerthin. Teimlai mor ofnadwy o hapus, ac eto ar yr un pryd teimlai gywilydd am fod mor hapus mewn tŷ lle nad oedd fawr o hapusrwydd i'w gael bellach. Ofnai y byddai ei mam yn dychwelyd ac y byddai eu gweld nhw mor gytûn yn ei gwneud hi'n fwy ymwybodol fyth o'i thristwch a'i hunigrwydd hi'i hun.

'Brysia rŵan, Emyr,' meddai, gan roi'r gorau i chwerthin a symud fymryn ymhellach oddi wrtho ar y soffa. 'O ddifri rŵan, beth ddywedaist ti wrth Mam? Rhaid imi gael gwybod rhag ofn imi ddweud y peth anghywir.'

'Mi fu raid imi ddweud rhyw gelwydd bach,' atebodd yntau'n ara deg, a'i lygaid glas yn pefrio gan chwerthin, 'oherwydd ro'n i mewn dipyn o gyfyng gyngor ar ôl iti fynd. Mi wnes i ystyried llogi car a dod ar dy ôl di ond fedrwn i ddim bod yn siŵr o dy ddal di cyn iti gyrraedd yma. Dyna pam y gwnes i benderfynu dal trên a chyrraedd yma o dy flaen di.'

'Beth petawn i wedi dod adre?' gofynnodd Carol, gan ryddhau Guto i ddychwelyd at ei geir bach ar y mat. 'Fe fu bron imi wneud, wsti.'

'Wel, mi wnes i adael nodyn ar fwrdd y gegin,' meddai Emyr wrth i Owain hefyd lithro o afael ei dad i fynd at ei frawd. 'Cofia, ro'n i'n reit siŵr na fyddai'r dymer ofnadwy 'na sy gen ti yn debygol o dawelu nes dy fod ti'n bell i ffwrdd. Wedyn mi fyddai hi'n haws gorffen y daith na throi rownd. Ac mi roedd gen i syniad na fyddet ti'n licio siomi'r hogiau trwy droi'n ôl unwaith roeddet ti wedi dweud wrthyn nhw y caen nhw ddŵad i dŷ Nain.'

'O, diar, rwyt ti'n amlwg yn fy nabod i'n llawer gwell nag

ydw i'n fy nabod fy hun. Ond beth am Mam? Beth ddywedaist ti wrthi hi?' gofynnodd Carol eto, gan ostwng ei llais a chlustfeinio am sŵn traed Olwen.

'Roeddwn i'n reit glyfar, a dweud y gwir,' atebodd ei gŵr, gan ostwng ei lais yntau yn yr un modd. Mi ffoniais i yma a dweud wrthi fod tipyn o argyfwng wedi codi yn y gwaith a bod rhaid imi fynd i mewn am ychydig oriau i'w sortio fo allan. Oherwydd hynny, fe fyddet ti'n dod yn y car efo'r hogiau, yr hogan ddewr ag wyt ti, ac mi fyddai'n rhaid i mi ddal trên ar ôl cinio. Trwy lwc, mi roedd Tecwyn Hughes yma ar y pryd yn torri coed tân, ac mi gynigiodd o ddod i gyfarfod y trên.'

'Roedd hynny'n ffeind. Ond mae gen i ofn ei fod o'n mynd ar fy nerfau i braidd. Be haru fo'n aros yma a ninnau isio cael ein swper ar ôl ein siwrnai? Heb sôn am gadw Mam i siarad ar stepan y drws am hydoedd yn y tywydd oer yma. Dwi am fynd i ofyn rhywbeth i Mam i roi cyfle iddi hi gael ei wared o neu chawn ni byth damaid o fwyd heno.'

Ond prin yr oedd Carol wedi troi dwrn y drws nag yr oedd Olwen wedi cau'r drws cefn ar ei chymydog siaradus a brysio'n ei hôl yn llawn ymddiheuriadau am fod mor hwyr yn rhoi'r bwyd ar y bwrdd.

'Mi fydd hi'n hwyr iawn ar y bechgyn yn mynd i'r gwely, mae gen i ofn,' meddai hi'n ffwndrus.

'O, peidiwch â phoeni am hynny, Mam,' cysurodd Carol hi. 'Maen nhw wedi cysgu yn y car, felly go brin y daw cwsg yn fuan heno. Ond,' ychwanegodd mewn llais uwch, gan godi ei bys yn awdurdodol ar ei meibion, 'nos fory, mi fydd hi'n stori wahanol. Mae'n rhaid i bob plentyn bach fod yn ei wely'n fuan nos fory neu mi fydd Siôn Corn yn mynd heibio heb adael anrheg iddyn nhw. Peth ofnadwy fuasai hynny, 'ntê?'

Nodiodd Owain a Guto yn ddifrifol dros ben.

'Dewch, Mam,' meddai Carol dan chwerthin, 'Mi ro i help llaw ichi.'

Yn y gegin, aeth Olwen Le Grand ar ei hunion at y stof i gael

25

golwg ar y caserôl, ond cyn iddi agor drws y popty roedd Carol wedi ei dal a'i chofleidio.

'O, Mam, mae hi mor braf bod gartre!' meddai. Ac wedyn, wedi gollwng ei mam a gostwng ei llais, 'Sut ydach chi o ddifri? Rydach chi'n edrych yn reit dda.'

'O, dwi'n eitha da, wsti, Carol. Mae hi'n cymryd amser i addasu, ond . . .'

Plygodd Olwen i agor drws y popty a chodi caead clamp o bot pridd mawr oedd ynddo.

'Pam na ddewch chi'n ôl efo ni i Surrey am dipyn o wyliau?' gofynnodd Carol.

'O, na, fedrwn i ddim, ddim jyst fel'na ar fyr rybudd,' atebodd Olwen yn syth, gan gau drws y popty'n glep a throi i dorri bara menyn.

'Wel, yn nes ymlaen, 'te,' meddai Carol wedyn. 'Mi allech chi ddod i lawr ar y trên yn y flwyddyn newydd. Does yna ddim byd i'ch rhwystro chi . . . Sori, do'n i ddim yn meddwl . . . O, rydach chi'n gwybod be dwi'n drio'i ddweud.'

'Ydw, siŵr, 'mechan i,' gwenodd Olwen. 'Mi hoffwn i ddod i aros efo chi, Carol, ac mi ddo i rywbryd, ond fedra i ddim addo jyst rŵan. Ella y bydd hi'n haws yn nes ymlaen yn y flwyddyn.'

Trodd Carol i straenio'r dŵr oddi ar y tatws ac ystyriodd am ennyd ai dyma'r adeg i esbonio i'w mam y newidiadau a allai ddigwydd ym mywydau Emyr a'r bechgyn a hithau ymhen ychydig o fisoedd, ond penderfynodd nad oedd yr amser yn addas. Deuai cyfle gwell ryw dro dros y gwyliau.

'Mae croeso ichi unrhyw bryd, Mam, cofiwch,' oedd y cwbl a ddywedodd hi.

'Diolch, Carol,' atebodd Olwen, 'Rŵan, mae'n well inni osod y bwrdd neu fe fydd y bwyd wedi oeri. Dos i estyn y lliain o'r drôr ac mi ddo i â'r cyllyll a'r ffyrc.'

'Y lliain glas 'ma, ie, Mam?' galwodd Carol wedyn drwy'r drws bach yn y wal o'r ystafell fwyta.

'Ie, a'r mat corcyn mawr ar gyfer y caserôl.'

'Iawn. Rargian fawr, Mam, 'tydi'r Tecwyn Hughes yna'n medru siarad, deudwch?' ychwanegodd Carol wrth i'w mam ei dilyn drwodd o'r gegin. 'Ro'n i'n dechrau meddwl nad oedd o byth am fynd.'

'Ydi, mae o'n siarad, ond mae o wedi bod yn ffeind iawn yn torri coed ac ati i mi a rhoi pàs i'r dre imi bob wythnos i nôl neges.'

'Oes ganddo fo deulu?'

'Mae ganddo fo fab yn blisman yn ymyl Lerpwl yn rhywle, ond mae ei wraig o wedi marw ers rhyw flwyddyn, bellach. Dyna pam ddaru o ymddeol yn gynnar a dŵad yma i fyw— dechrau o'r newydd, wst ti.'

'Be oedd ei waith o?'

'Rhyw waith swyddfa mewn ffatri go fawr neu ryw waith peirianyddol, dwi'n meddwl. Dwi ddim yn siŵr iawn. Wnei di estyn clustogau imi eu rhoi ar gadeiriau'r bechgyn?'

'O, rydach chi wedi cael defnydd newydd arnyn nhw. Maen nhw'n edrych yn llawer rhy grand i adael i'r bechgyn eu maeddu. Oes gennych chi ddim rhai mwy plaen?'

'O, mae'r rhain yn golchi'n hawdd ofnadwy. Dwi wedi 'mhlesio'n arw efo'r defnydd. Doedd o ddim yn ddrud iawn chwaith, ond mae o'n edrych mor ddel. Am ei fod o'n lliw mor dlws, mae'n siŵr.'

'Ydi, mae o'n lliw hyfryd. Glas tebyg iawn i hwn ydi'r sgarff dwi wedi ei chael i Sandra'n anrheg 'Dolig.'

'Sgarff sidan?'

'Nage, un *mohair* gynnes. Mynd i'r siop i chwilio am gôt weu iddi wnes i, ond doedd yno ddim llawer o ddewis yn y meintiau mwyaf, a'r rheini'n ddigon hyll o'u cymharu efo'r rhai fyddai'n eich ffitio chi a fi. Ro'n i ar fin mynd o'r siop heb brynu dim pan welais i'r sgarffiau bendigedig yma, felly mi brynais i un las i Sandra ac un ddu i Lynda hefyd. Pryd byddan nhw'n dod?'

'Wel, mae Kevin a Lynda'n dod yn hwyr pnawn fory— ddim efo'i gilydd, wrth gwrs—ond 'sgen i ddim syniad pryd i ddisgwyl Sandra. Y cwbl ddywedodd hi yn ei llythyr oedd ei

27

bod hi'n dod adre'n bendant ar gyfer y 'Dolig. Mae'n siŵr mai ffonio o'r stesion wnaiff hi ac mi fedri di neu Emyr ei nôl hi, os byddwch chi gystal â gwneud.'

'Gwnawn, siŵr. Os daw'r alwad yn ystod y dydd, mi a' i â'r bechgyn efo fi. Gwneud rhyw drip bach o'r peth—cael gweld y trên a stopio yn y siop fferins . . . Ond os bydd hi'n nos, wel, gaiff Emyr fynd, rhag tarfu ar y bechgyn. Dwi *yn* falch fod Sandra wedi gwneud yr ymdrech i ddod adre eleni.'

'Paid â bod mor galed arni, Carol bach. Mae Paris yn bell, wsti, a siawns nad oedd ganddi resymau da dros fethu â dod y llynedd. Dyna ni, dwi'n meddwl. Dos di i'r parlwr i'w mwstro nhw, ac mi a' innau i nôl y bwyd o'r popty.'

'Iawn, Mam,' meddai Carol, gan droi i gael un olwg arall ar y bwrdd cyn mynd am y parlwr. O'r diwedd roedd hi'n dechrau edrych ymlaen at y Nadolig. Roedd hi'n braf bod gartre a chael gweld Mam a deall nad oedd pethau mor erchyll ag yr oedd hi wedi ofni. Gwir mai Emyr—neu Kevin, efallai—ac nid Dad, fyddai'n eistedd yn y gadair fawr ar ben y bwrdd, ond byddai pawb o'r lleill yno'n gytûn i fwyta'u cinio Nadolig. Dim ond iddyn nhw beidio ag edrych yn ôl a chymharu'r Nadolig hwn efo'r blynyddoedd a fu. Edrych ymlaen, dyna'r tric. Ac mi roedd Carol yn edrych ymlaen ac yn benderfynol o fwynhau'r Nadolig hwn, yr un olaf iddi ei dreulio yn Nhyddyn Ucha', o bosib—am gyfnod, o leiaf.

4

24 Rhagfyr

Unigedd ofnadwy'r lle oedd yn dychryn Sandra bob tro y deuai'n ôl. Mynegai Mam ym mhob llythyr ei hamryfal bryderon wrth feddwl am ei merch druan yn byw ar ei phen ei hun mewn fflat yng nghanol dinas fawr beryglus fel Paris, ond i Sandra roedd llawer mwy o le i ofni'r hyn a welai trwy ffenest y tacsi y funud honno—yr un enaid byw yn unman, dim byd ond creigiau a grug ac ambell goeden ddu bigog a blygai'n ôl rhag y gwynt beunyddiol fel 'tai hi mewn poen.

Gwyrodd Sandra ymlaen i ddweud wrth y gyrrwr ble i droi oddi ar y briffordd i fyny'r allt serth am Ddyddyn Ucha', gan esbonio bod angen teithio tua milltir a hanner eto ar hyd lonydd troellog, anwastad cyn cyrraedd y clwstwr bach o dyddynnod ar ymyl y ffridd. Ei ymateb ef oedd condemnio'n llym mewn Saesneg lliwgar y bobl hynny oedd yn dewis trigo yn y fath le.

Onid oedd yn naturiol iddo ef, creadur o'r dref, deimlo felly am unigeddau gwyllt y mynydd-dir? Ac eto, onid oedd hi'n annaturiol i Sandra deimlo'n union yr un fath ag o am ei chynefin hi 'i hun? Yma y ganwyd ac y magwyd hi ac yma y bu fyw gydol ei hoes tan ryw bedair blynedd yn ôl, ond eto i gyd roedd y lle'n codi arswyd arni.

Ni allai Sandra gofio iddi erioed fwynhau rhedeg yn wyllt hyd y llethrau a chuddio yn y rhedyn fel y gwnâi'r lleill. Fedrai hi byth ganlyn Carol, beth bynnag. Bu honno'n llawn egni erioed —yn llawer rhy sionc i Sandra fedru cystadlu â hi—ac yr oedd yn rhaid iddi gael arwain ym mhob menter ac ennill pob ras. Nid felly Sandra, a giliodd yn raddol o'r gystadleuaeth gan adael i Kevin a Lynda ymuno yn chwaraeon egnïol, ffyrnig eu chwaer hynaf, tra dewisai hi aros fwyfwy yn y tŷ ar ei phen ei hun i ddarllen a breuddwydio.

Ac yna, pan oedd hi'n dair ar ddeg oed, cafodd Sandra fynd ar drip undydd i Lerpwl efo'r ysgol. Y munud y camodd hi oddi ar y bws, teimlodd gydymdeimlad â'i hamgylchedd yn gynnwrf drwyddi, rhywbeth na theimlodd hi erioed ar y bryniau lle'i magwyd. Ni flinai ar syllu i fyny ar yr adeiladau tal o boptu'r stryd, ar weld y ceir a'r bysiau gorlawn yn prysuro heibio, ar glywed ac arogli a synhwyro'r holl bobl amrywiol oedd o'i chwmpas i bob cyfeiriad, bob un ohonynt yn rhan annatod o wead deinamig y ddinas. Gwyddai Sandra'n syth ei bod hi wedi dod o hyd i'w chynefin priodol o'r diwedd.

Ar ôl y darganfyddiad syfrdanol hwnnw, roedd gorfod mynd adref o'r trip fel dychwelyd i garchar wedi blasu rhyddid. A thros flynyddoedd ei harddegau fe fynnai Sandra fynd ar bob un taith oedd yn ymweld â dinasoedd—trip siopa Nadolig i Lerpwl efo Merched y Wawr, diwrnod ym Manceinion efo'r tîm pêl-droed lleol, cwrs deuddydd yng Nghaerdydd ar drin cyfrifiaduron, ac un wythnos fendigedig yn Llundain i goroni'r cwbl, profiad bythgofiadwy a oedd yn anrheg oddi wrth Dad a Mam am lwyddo cystal yn ei harholiadau lefel-O.

Ofnai Sandra wrth baratoi ar gyfer pob un o'r ymweliadau hynny y byddai'r wefr hyfryd ar goll—ond nid oedd angen iddi boeni. Doedd dim ots pa ddinas oedd hi na pha mor hir oedd hyd yr ymweliad, roedd y teimlad yr un mor gryf bob amser, y mwynhad anesboniadwy hwnnw o ymgolli ym merw poblog-aeth anferth lle'r oedd pawb mor brysur efo'u hamcanion arbennig eu hunain a neb ag amser i roi trwyn ym musnes eu cymdogion—oni bai, wrth gwrs, bod hwnnw'n amharu ar y bobl o'u cwmpas. A hithau'n un enaid di-enw ymhlith y mil-iynau, teimlai Sandra berffaith ryddid i fod yn hi ei hun, rhyw-beth nad oedd yn bosibl yn y gymdeithas glòs fusneslyd oedd yn bodoli yn nhyddynnod gwasgarog y man lle'i magwyd.

Wedi tair blynedd ym Mhrifysgol Caerdydd a mwy na blwyddyn ym Mharis fe barhâi'r teimlad hyfryd hwnnw'r un fath o hyd. A phob tro y deuai hi'n ôl i Dyddyn Ucha' ymddangosai'r lle'n fwy unig a dychrynllyd fyth, yn enwedig ar dywydd mwll, yn rhith llwyd, aneglur a lechai yn y cwmwl isel oedd yn swatio ar y mynydd. A hithau heb ddod yn ôl ers pymtheg mis, ymateb Sandra wrth weld cartref ei mebyd unwaith yn rhagor oedd dyheu am gael dychwelyd ar ei hunion i'w fflat fach glyd yn y Rue Noyer.

Oherwydd ei heuogrwydd am ei lusgo i'r fath le, rhoddodd lawer gormod o gil-dwrn i yrrwr y tacsi. Aeth hwnnw ymaith yn llawen tua'r dref, gan adael Sandra'n sefyll yno efo'i bag ar stepan drws ffrynt Tyddyn Ucha'. Doedd neb byth yn defnydd-io'r drws ffrynt, ond yno'r oedd y tacsi wedi ei gollwng hi a doedd hi ddim am lusgo'r bag trwm drwy'r llaid at y drws arall. Canodd Sandra gloch y drws ffrynt.

Ar unwaith, clywodd sŵn traed ei mam yn nesáu, a sŵn rhywbeth trwm yn cael ei lusgo o'r ffordd er mwyn cael agor y drws. Sgwariodd Sandra ei hun ar gyfer yr ebychiadau a'r cwestiynau dirifedi fyddai'n siŵr o ddod pan welai Mam y newid yn ei hymddangosiad. Ond y cwbl a welodd Olwen Le Grand oedd ei phlentyn annwyl yn sefyll allan yn y gwynt oer.

'Sandra fach!' meddai'n llawen, gan ei gwasgu ati'n goflaid gynnes, 'Be ar wyneb y ddaear wyt ti'n ei wneud ar y stepan fel gŵr parchedig? Efo be doist ti yma? Chlywais i ddim sŵn car yn y gwynt 'ma.'

Am funud roedd popeth mor ddieithr fel na fedrai Sandra ateb. Roedd ynganiad ei henw mor wahanol i'r hyn roedd hi wedi arfer ag o, ac roedd clywed llond ceg o Gymraeg yn cael ei lefaru'n uchel ac yn hynod gyflym yn ddigon i wneud i'w phen droi.

Roedd hi'n darllen ac yn ysgrifennu Cymraeg yn lled aml, wrth gwrs; yn llythyru'n rheolaidd efo'i mam, yn achlysurol efo Carol a Kevin ac weithiau efo Lynda. Yn Gymraeg yr oedd hi'n meddwl, ar y cyfan, ond serch hynny, o'i chlywed yn cael ei llefaru eto ar ôl cyhyd o amser, swniai'r iaith yn anghyfarwydd ac yn aflafar—fel tiwn wedi colli ei rhythm.

Trwy lwc, roedd yr ateb i'r cwestiwn yr un fath yn Gymraeg ac yn Ffrangeg, ac yn Saesneg hefyd, o ran hynny.

'Tacsi,' atebodd Sandra.

'Pam na fuaset ti wedi ffonio o'r stesion? Mi fuasai Carol wedi dy nôl di ac arbed cost tacsi iti.'

A hithau'n dechrau dygymod â'r diwn, mentrodd Sandra dipyn o Gymraeg, er yn araf ar y cychwyn.

'Fuaswn i ddim isio achosi trafferth.'

'Dim trafferth o gwbl, 'mechan i,' meddai ei mam ar draws ei hymdrech. 'A phetai Carol ac Emyr wedi digwydd bod yn brysur mi fuasai Mr Hughes drws nesa wedi bod yn fwy na pharod i helpu allan. Fo aeth i nôl Emyr o'r stesion ddoe gan fod hwnnw wedi gorfod sortio rhyw waith allan a dod ar y trên tra oedd Carol druan wedi gorfod dod bob cam ei hun yn y car efo'r bechgyn. Ond mi wnaeth hi'n iawn, wsti.'

'Do, dwi'n siŵr,' meddai Sandra, ond doedd dim amser iddi ymhelaethu gan eu bod eisoes yn nrws y parlwr lle'r oedd Carol a'i gŵr yn eistedd ar y soffa, a'u meibion bach ar y mat wrth eu traed. Roedd y munudau nesaf yn flerwch o gofleidio ac ysgwyd llaw a rhyfeddu at dyfiant y plant. Ond trwy'r ffwdan i gyd fe welodd Sandra'n syth bod ei chwaer wedi sylwi ar ei dillad.

Tynnodd y gôt law o ddeunydd gaberdîn gwyn yr oedd hi wedi ei lapio amdani rhag y gwynt, er mwyn i Carol edmygu'r siwt o wlân ffein lliw mêl a'r crys o sidan oren a wisgai odani. Roedden nhw'n hollol anaddas ar gyfer teithio mewn gwirionedd ond roedd Sandra wedi eu dewis am mai'r rhain oedd ei dillad mwyaf trawiadol. Roedd wedi eu prynu yn un o'r tai dillad enwocaf ym Mharis ac wedi gwario yno bob dimai a gawsai'n gyflog am dair wythnos o waith cyfieithu dros wyliau'r Pasg—a chyfran o'i chynilion ar ben hynny. Ond roedd hi'n werth pob *centime* i gael gweld yr olwg ar wyneb ei chwaer y funud honno.

Am y tro cyntaf erioed, gwyddai Sandra i sicrwydd ei bod hi'n edrych yn well na Carol. Ac roedd hi erbyn hyn yr un mor denau â'i chwaer fawr, a rhyw ychydig yn dalach hefyd, ac roedd lliwiau'r siwt a'r crys yn gweddu iddi i'r dim. O'u cymharu â dillad Sandra, edrychai trowsus glas a siwmper goch Carol yn llipa a diraen.

Gwenodd Sandra wên lydan a dechreuodd ei mwynhau ei hun. Plygodd yn ei chwrcwd i agosáu at y ddau fachgen bach a edrychai'n ansicr iawn ar y ddynes ddieithr yma yn y dillad crand. Closiodd y ddau at goesau eu mam. Yr oedd eu nain eisoes wedi diflannu i'r gegin gefn i daro'r tecell ar y tân am baned.

'Faint ydi oed Guto erbyn hyn?' gofynnodd Sandra i Carol. Wyddai hi ddim oll am blant ond cofiai mai babi mewn siôl oedd Guto pan welsai hi ef ddiwethaf.

'Mi fydd o'n ddwyflwydd oed ymhen mis,' atebodd Carol,

gan redeg blaenau ei bysedd trwy ei gyrls du. 'Ac mi fydd Owain yn bedair ym mis Ebrill.'

'Ydi o yn yr ysgol eto?' gofynnodd Sandra wedyn. Roedd ganddi ryw frith gof iddi hi'i hun ddechrau'r ysgol yn bedair oed.

'Na, ddim eto. Ond mae o yn yr ysgol feithrin. Ac rwyt ti'n hoffi ysgol Anti Pat yn iawn, on'd wyt ti, Owain?'

'Ydw,' meddai'r bachgen, yn weddol siŵr bellach fod Sandra'n gyfeillgar. ''Dan ni'n gneud llun. A chwara' tywod. A dydi babis fel Guto ddim yn cael mynd.'

'Mae ei Gymraeg o'n dda iawn i feddwl iddo fo gael ei eni a'i fagu yn Lloegr,' sylwodd Sandra, gan anwybyddu protestiadau Guto am iddo gael ei alw'n fabi.

'Ydach chi'n meddwl y gallwch chi gadw ei Gymraeg o cystal fel yr aiff o'n hŷn?' gofynnodd, ar dir sicrach erbyn hyn. Fel ieithydd academaidd, roedd ganddi ddiddordeb mewn datblygiad iaith a dwyieithrwydd ymhlith plant. 'Wnaiff o golli ei Gymraeg pan aiff o i'r ysgol?'

'Wel,' meddai Carol, gan edrych yn anghyfforddus dros ben yn sydyn. Taflodd un olwg nerfus i gyfeiriad Emyr ac un arall dros ei hysgwydd i gyfeiriad Mam oedd newydd ddychwelyd i'r parlwr efo llond hambwrdd o ddanteithion.

'Wel . . .' dechreuodd eto, gan blethu ei bysedd, 'mae yna lot o Saesneg yn dod adre o'r ysgol feithrin yn barod.' Edrychodd ar Emyr eto. 'Ac mi rydan ni wedi dweud erioed y buasen ni'n dod 'nôl i Gymru i fyw erbyn y byddai'r bechgyn yn dechrau yn yr ysgol. Er mwyn iddyn nhw gael addysg Gymraeg a . . . wel . . . er mwyn . . .'

Roedd nerfusrwydd Carol wedi bod yn cynyddu o air i air, a rŵan roedd hi'n hesb o eiriau. Edrychodd eto ar Emyr am gymorth. Rhoddodd hwnnw wên fechan iddi i'w chysuro cyn bwrw i'r dwfn:

'Waeth ichi wybod rŵan, ddim,' meddai, â'i lygaid ar ei fam-yng-nghyfraith oedd wrthi'n estyn bisgedi siocled i Owain a Guto. 'Mi rydw i wedi llwyddo i gael swydd yn ôl yng

Nghymru o'r diwedd, ond nid yma'n y gogledd fel roedden ni wedi gobeithio. Doedden ni ddim am ddisgwyl yn hwy i'r swydd iawn droi i fyny, ac roedd y swydd yma'n un dda iawn i mi'n broffesiynol. Roedd o'n gyfle rhy dda imi fedru gadael iddo fynd heibio, felly mi rydan ni'n symud i Gaerdydd yn y gwanwyn ac mi gaiff Owain ddechrau yn yr ysgol Gymraeg yng Nghaerdydd ar ôl yr haf.'

Edrychodd pawb ar Olwen Le Grand, gan ddisgwyl gweld y siom yn plygu ei hwyneb. Gwyddai Sandra, fel y lleill, gymaint y bu ei mam yn edrych ymlaen ers blynyddoedd at y diwrnod y byddai ei hwyrion bach yn cael dod i fyw yn nes ati. Doedd ryfedd felly nad oedd Carol yn awyddus i dorri'r newyddion drwg yma iddi, a hynny mor fuan ar ôl y siom a gafodd pan ymadawodd Dad. Debyg fod Mam druan yn teimlo'n awr fel petai pawb o'i hanwyliaid yn cefnu arni. Teimlodd Sandra'n wirioneddol euog am godi'r testun.

Ac eto, nid edrychai Mam yn rhy siomedig. Yn wir, edrychai'n rhyfeddol o dda o gofio ei bod hi newydd dderbyn siom ar ben siom. Llwyddodd i wenu, er mawr ryddhad i bawb arall yn yr ystafell.

'Dwi'n siŵr eich bod chi'n falch o gael dod 'nôl i Gymru o'r diwedd,' meddai hi'n wresog. 'Ac yn agosach at Nain hefyd, yntê Owain?'

A chyda hynny fe ddychwelodd i'r gegin i 'nôl y tebot.

Roedd hi'n amlwg i Sandra fod Carol wedi bod yn poeni'n arw am y ffordd orau i dorri'r newyddion i Mam a beth fyddai ei hymateb hi i'r newyddion. Rŵan roedd rhyddhad Carol yn amlwg, a'r rhyddhad hwnnw'n peri iddi siarad fel melin bupur am ei chynlluniau ar gyfer symud tŷ. Gwrandawodd Sandra arni'n amyneddgar am rai munudau nes i Mam ddod yn ôl efo te i'r oedolion a sudd oren i'r plant.

Gobaith Sandra oedd y buasasi presenoldeb ei mam yn peri i'w chwaer dewi neu o leiaf droi'r sgwrs ond wnaeth o ddim, a phan enciliodd Olwen yn ei hôl i'w chegin yn fuan wedyn, torrodd Sandra ar draws y disgrifiad o'r deunydd Laura Ashley roedd Carol wedi ei ffansïo ar gyfer gorchuddion newydd i'r soffa, a dilynodd ei mam o'r ystafell.

5

Yn union fel yr oedd hi wedi disgwyl, cafodd Sandra hyd i'w mam yn paratoi pryd o fwyd. Ond yn wahanol i'r hyn yr oedd hi wedi ei ddisgwyl nid oedd ei mam yn gwneud hynny drwy ei dagrau, na hyd yn oed mewn ymdrech ddewr i gadw'r dagrau draw. Edrychai Olwen Le Grand yn berffaith fodlon ar ei byd wrth iddi sefyll yno wrth fwrdd y gegin yn tafellu afalau coginio i ddysgl ddofn ar gyfer y pwdin crymbl.

Amheuai Sandra fod ei thaith hir ac anghyfforddus o'r Rue Noyer i Dyddyn Ucha' wedi bod yn siwrnai ofer. A hithau wedi addo iddi ei hun na ddychwelai byth eto i'r fan yn ystod misoedd llwm y gaeaf—dim ond ar ambell ymweliad yn ystod gwyliau'r haf pan oedd y lle dipyn mwy croesawgar—roedd hi wedi ail-ystyried ac wedi ei gorfodi ei hun i ddod yn ôl y Nadolig hwn am ei bod yn ei theimlo'n ddyletswydd arni hi a'r lleill i fod efo Mam i'w chefnogi a'i chysuro yn ystod y cyfnod trallodus hwn yn ei hanes.

Ar y cwch ac ar y trên roedd Sandra wedi dychmygu beth fyddai effaith ei sefyllfa erchyll ar ei mam. Allai hi ddim dychmygu gwaeth tynged na gorfod preswylio yn Nhyddyn Ucha' heb weld yr un enaid byw o un pen wythnos i'r llall. Bron nad oedd hi wedi disgwyl gweld Olwen wedi troi dros nos yn hen wreigan fach gwynfanllyd oedd yn gwbl ddibynnol ar ei phlant am bob swcr. Ond i'r gwrthwyneb, ymddangosai Mam yn awr yn iau nag yr edrychai hi pan adawodd Sandra am Baris bymtheg mis yn ôl—rhywbeth i'w wneud â'r ffaith ei bod hi wedi teneuo rywfaint ac wedi newid steil ei gwallt.

Wrth gwrs, pump a deugain oed oedd hi. Er ei bod hi'n nain, roedd hi'n iau nag ambell fam newydd. A gwelai Sandra ynddi heddiw ryw wreichionyn o asbri newydd oedd, mae'n debyg, yn deillio o'i phenderfyniad i frwydro ymlaen ar waethaf ergydion bywyd, a pheidio ag ildio i anobaith.

Yn sicr, doedd ei mam ddim yn dangos ôl unrhyw drallod a bu'n rhaid i Sandra ei hatgoffa ei hun nad oedd yr argraff allanol a roddai person ohono'i hun yn adlewyrchiad cywir bob amser o gyflwr meddyliol ac emosiynol y person hwnnw. Wedi'r cwbl, onid oedd hi ei hun yn ymddangos i'r byd fel merch feistrolgar, drefnus, hunanfeddiannol? Ond doedd dim modd gwadu'r ffaith fod Mam yn edrych yn rhyfeddol o dda o gofio'r holl newid a phoen a ddaethai i'w rhan yn ddiweddar.

Bu Olwen mor brysur yn torri'r afalau fel na sylwodd yn syth fod Sandra'n sefyll yn nrws y gegin yn syllu arni. Ond pan gododd ei phen i estyn am afal arall, gwelodd ei merch yno a gwenodd yn wresog arni.

'Wyt ti wedi gorffen dy baned yn barod?' gofynnodd, wrth weld y gwpan yn ei llaw.

'Wel, tua hanner y baned,' atebodd Sandra gan edrych yn ddigon amheus ar yr hylif brown oedd yn ei chwpan. 'Rydw i wedi colli'r arfer o yfed te. Fyddai hi ots gennych chi petawn i'n gwneud paned o goffi i mi fy hun?'

'Na fyddai, siŵr, 'mechan i. Does dim rhaid iti ofyn. Rwyt ti gartre rŵan. Gwna di fel fynnot ti.'

'Ydi hi'n iawn imi gael bàth? Hynny ydi, oes yna ddŵr poeth?'

'Oes, ddigonedd. Mae'n siŵr dy fod ti'n teimlo'n annifyr ar ôl dy siwrnai. Cymer di amser i socian yn y bàth ac ymlacio. Dwi ddim am wneud bwyd nes i Kevin a Lynda ddŵad, wsti, dim ond 'i gael o'n barod. Nid fod yma lawer i'w wneud achos salad 'da'n ni'n ei gael. Ro'n i'n meddwl mai dyna fyddai hawsa, os ydi un ohonyn nhw'n hwyr, wnaiff o ddim difetha.'

Suddodd calon Sandra wrth feddwl am salad ei mam. Ofnai y byddai'r dasg o'i fwyta'n drech na hi. Mor wahanol oedd salad Tyddyn Ucha' i'r saladau amrywiol a diddorol a lliwgar a welai hi'n feunyddiol yn Ffrainc, saladau fyddai'n temtio hyd yn oed y sawl na fyddai arno eisiau bwyd. Ond nid felly salad Mam, y salad y bu'n ddigon anodd ganddi ei fwyta ers talwm cyn iddi erioed weld salad Ffrengig—tafellau tenau, tenau o ham seimllyd, dail letys llipa, tafellau sych o domato ac wy a chiwcymbyr, a phlatiaid o fetys coch wedi eu mwydo mewn finegr sur, sur. A'r cwbl yn cael ei fwyta efo'r bara meddal, llaith oedd mor gwbl wahanol i'r bara yr oedd hi bellach wedi arfer ag ef.

'Peidiwch â pharatoi llawer o fwyd ar 'y nghyfer i, Mam,' meddai Sandra, gan ei gorfodi ei hun i beidio â gwrido oherwydd y celwydd roedd hi ar fin ei ddweud. 'Dwi wedi bod yn cael dipyn o drwbwl efo'n stumog yr wsnos dwytha 'ma. Mae hi rywfaint yn well, ond fedra i ddim bwyta mwy na rhyw fymryn ar y tro.'

'Ro'n i'n meddwl pan welais i ti gynta ar stepan y drws nad oedd golwg ry dda arnat ti,' atebodd Olwen yn syth. 'A wedyn, dyma feddwl mai fi oedd heb arfer efo ti mor denau. Ddeudis i wrthyt ti y collet ti'r pwysau 'na wrth fynd yn hŷn, on'd do? A thithau'n poeni erstalwm ac yn gwrthod bwyta, yn dy lwgu dy hun am ddyddiau a cholli'r un owns ac wedyn yn eistedd wrth yr hen fwrdd yma a bwyta tri phlatiaid o "chips" ar ôl ei gilydd. A rŵan dyma ti'n fain fel weiren gaws ac yn ddigon o sioe yn y dillad smart 'na. Rwyt ti'n rhy brysur yn yr hen ddinas fawr 'na i feddwl am dy bwysau, mae'n siŵr.'

Ceisiodd Sandra roi chwerthiniad bach ysgafn o gytundeb ond ni lwyddodd yn gyfan gwbl. Canolbwyntiodd ar wneud y coffi.

'Un o'r hen fŷgs 'ma sy gen ti, mae'n siŵr,' meddai Mam wedyn, gan feddwl mai pesychiad oedd y sŵn rhyfedd a ddaethai o enau ei merch. 'Debyg bod y rheini gynnoch chi yn Ffrainc, fel yma. Hen bethau ofnadwy ydyn nhw. Mi wn i—mi gefais i un yn gynharach eleni. Siawns na fyddi di'n well wedi cael noson iawn o gwsg yn dy hen wely. Mi fuasai hi'n biti garw iti fethu bwyta dy ginio 'Dolig ar ôl dod mor bell amdano fo.'

37

'Ddim am y cinio y dois i adre, Mam,' meddai Sandra, yn gwbl onest y tro hwn, 'ond i'ch gweld chi.'

'Ac mae hi'n braf ryfeddol dy gael di gartre eto, cofia,' meddai ei mam, gan groesi'r gegin ati a'i gwasgu ati am ennyd. 'Mi roedd hi'n chwith ofnadwy hebot ti'r llynedd.'

Gwyddai Sandra y dylai hi ddweud rhywbeth i esbonio beth a ddigwyddodd y llynedd, rhywbeth amgenach na'r esgusion llipa a roddodd hi yn ei llythyrau at Dad a Mam ar y pryd. Ond beth allai hi ei ddweud? Bodlonodd felly ar anwybyddu'r effaith ar wlân ffein ei siwt a rhoi cofleidiad arall gynnes i'w mam.

Dilynwyd y cofleidio gan ddistawrwydd anesmwyth. Prysurodd Olwen i daenu'r cymysgedd crymbl dros yr afalau a throdd Sandra ei choffi'n llawer hwy nag oedd raid.

'Mi a' i am y bàth rŵan, Mam,' meddai Sandra wedyn, 'ac yna mi ddof i'ch helpu chi i baratoi'r salad.'

'Does yna ddim i'w wneud, Sandra fach,' oedd ateb ei mam, 'dim ond agor tun o gorn bîff a tharo'r cwbl ar y bwrdd.'

Corn bîff!! Trodd Sandra ar ei sawdl cyn i'r syniad godi cyfog arni. Dihangodd o'r gegin efo'i harogl bwyd a'i hatgofion lu am brydau breision ei hieuenctid. Gwyddai y byddai'n rhaid iddi ddygymod â'r salad a cheisio bwyta rhywfaint ohono pan ddeuai hi'n ôl i lawr, ond am ryw hyd, o leiaf, gallai guddio rhagddo. Brysiodd i fyny i'w llofft.

Eisteddodd ar y gwely am ennyd gan deimlo rhyddhad mawr bod ei mam wedi derbyn y stori am anhwylder ar ei stumog. Dim ond iddi beidio â gwneud dim byd gwirion, fe fyddai popeth yn iawn, wedi'r cwbl. Ond na, fyddai dim byd byth yn iawn yn Nhyddyn Ucha' heb Dad. Suddodd Sandra'n un swp ar yr hen wely plu a dechreuodd wylo'n dawel.

Roedd hi wedi bod yn edrych ymlaen gymaint at weld Dad eto er mwyn iddi gael dangos iddo mor glyfar y bu hi. Ddywedodd hi erioed wrtho fo nac wrth neb arall mai'r ffaith fod tad ei thad yn hanu o Baris oedd y gwir symbyliad iddi ymddiddori mewn Ffrangeg yn yr ysgol a dewis Ffrangeg fel ei phrif bwnc wedi mynd i'r coleg. Efallai fod hedyn ei chynllun wedi bod yn gorwedd yn ddistaw oddi mewn iddi ers blynyddoedd, ond doedd hi ddim wedi bod yn ymwybodol ohono'n egino yn ei meddwl tan yr haf cyn y diwethaf pan oedd hi'n paratoi i ymadael ar gyfer ei chwrs ymchwil yn y Sorbonne.

Ac unwaith yr oedd hi wedi cyrraedd Paris, roedd hi wedi mynd ati i dreulio ei hamser hamdden ar ymchwil mwy personol ei natur nes iddi ddod o hyd yn y diwedd i gyfeiriad y tŷ lle y ganed tad ei thad—fedrai hi ddim meddwl am ddyn hollol ddieithr fel ei thaid. Darganfu hefyd mai Paul Le Grand oedd enw'r hen ŵr, fel ei fab a'i ŵyr ar ei ôl.

Aeth Sandra i'r cyfeiriad a nodwyd ar y cofnodion cyhoeddus a holodd yno ac yn y tai gerllaw nes dod o hyd i hen wreigan oedd wedi byw yno ers oes pys ac a oedd yn cofio'r teulu Le Grand a'u tristwch o golli eu hunig fab yn y rhyfel. Roedd yr hen greadures hefyd yn cofio chwiorydd y milwr a gollwyd, sef Helène a Mathilde ac roedd hi wedi medru dweud wrth Sandra fod y ddwy wedi priodi ac wedi symud i ffwrdd. Ni chofiai'r hen ddynes beth oedd cyfenw Mathilde ar ôl iddi briodi, ond gwyddai iddi symud efo'i gŵr i gadw gwesty bychan rywle yng nghyffiniau Montmartre oherwydd fod yr hen Madame Le Grand wedi mynd yno atynt i fyw ar ôl marwolaeth ei gŵr. Ar y llaw arall, roedd yr hen greadures yn cofio mai Jean Riou oedd enw gŵr Helène ac mai un o Lydaw ydoedd. Roedd Sandra'n gobeithio cael cyfle i ddilyn y trywydd hwnnw rywbryd.

Wedi casglu'r wybodaeth yma i gyd, bwriad Sandra oedd dychwelyd i Ddyddyn Ucha' yr haf diwethaf, flwyddyn yn hŷn na phan adawodd hi a dwy stôn yn ysgafnach, i ddweud wrth Dad fod ganddo ddwy fodryb ac efallai berthnasau eraill yn fyw yn Ffrainc. Edrychai ymlaen at weld y pleser yn goleuo'i wyneb tywyll, a balchder hefyd wrth iddo sylweddoli fod Sandra, yr un ddistawaf a mwyaf di-nod ohonynt i gyd, yn ferch ryfeddol a chanmoladwy wedi'r cyfan.

Ond erbyn yr haf roedd hi'n rhy sâl i fedru teithio a bu raid i'r cynllun gwreiddiol gael ei addasu. Penderfynodd Sandra ganol-bwyntio ar gael ei fflat yn glyd ac yn ddeniadol ac yna wahodd

Dad a Mam drosodd i Baris i aros yno efo hi'r haf canlynol. Wedyn fe allai hi fynd â Dad i ymweld â chartref ei deulu a dichon erbyn hynny y byddai hi wedi llwyddo i ddod o hyd i'w fodrybedd a llu o berthnasau eraill ac y gallai hi drefnu parti gwych iddo fedru eu cyfarfod nhw i gyd.

Ac yna, y diwrnod ar ôl iddi ddod adref o'r ysbyty, daeth y llythyr. Llonnodd Sandra wrth weld ysgrifen Dad ar yr amlen ac edrychodd ymlaen at fwynhau'r cynhesrwydd a'r hiwmor a fyddai yn ei eiriau bob amser. Ond nid y tro hwn. Dim ond dwy frawddeg oer, ffurfiol bron, yn datgan ei fod ef a Mam wedi penderfynu gwahanu, ei fod yn ymadael ar unwaith o Dyddyn Ucha' ac y byddai'n sgrifennu ati eto pan fyddai ganddo gyfeiriad parhaol i'w anfon.

A hithau wedi cyrraedd adre'n llawn gobaith, mor benderfynol o lwyddo yn ei brwydr i wella, i lwyddo gyda'i thraethawd gradd, i lwyddo fel aelod o'r hil ddynol, bu bron i'r llythyr hwnnw ddinistrio'r cwbl.

Doedd Sandra ddim eisiau meddwl am y diwrnod y derbyniodd hi'r llythyr. Cododd oddi ar y gwely a thynnodd amdani, gan osod ei siwt a'i chrys yn ofalus i hongian ar ddrws y wardrob. Yna, estynnodd ŵn gwisgo o sidan lliw hufen a lapiodd hwnnw amdani i groesi pen y grisiau i'r ystafell ymolchi. Yno, rhoddodd glo ar y drws, agorodd y tap dŵr poeth led y pen a throdd at y drych uwchben y sinc i dynnu'r pinnau oedd yn dal ei gwallt yn ei gwlwm cymhleth ar ei gwegil. Safodd yno am funud gron heb glywed sŵn y dŵr yn llifo na theimlo'r stêm yn codi o'i chwmpas, heb fod yn ymwybodol o un dim oedd o'i hamgylch heblaw yr hyn a welai yn y drych.

Oherwydd ni allai Sandra weld yno'r hyn a welai eraill, yr hyn y gwyddai hi y dylai hi ei weld, sef wyneb deniadol wedi ei fframio gan len o wallt du, sgleiniog; llygaid brown tywyll bywiog, esgyrn gosgeiddig a chroen brown, clir; trwyn bach siapus a gwefusau llydain, lluniaidd. Na, yr hyn a welai Sandra'n feunyddiol oedd wyneb merch ysgol dew efo'i gwallt seimllyd a'i chroen yn bla o blorod oedd wedi eu gwasgu hyd at

40

waedu. Wnâi'r colur drudfawr a brynai hi ym Mharis fyth newid y darlun a welai hi yn y drych.

Trodd ei chefn ar yr wyneb atgas a chanolbwyntiodd ar fwynhau ei bàth. Ac wedi iddi suddo i'r dŵr chwilboeth peraroglus, yr hyn a roddodd fwyaf o fwynhad iddi oedd ail-fyw'r funud honno pan gamodd hi i mewn i barlwr Tyddyn Ucha' yn ei siwt a'i chrys i weld yr eiddigedd ar wyneb Carol.

Fu gan Sandra erioed fawr o hyder, a diau fod a wnelo hynny â'r ffaith iddi orfod byw ei bywyd yng nghysgod ei chwaer fawr. Honno mor barablus a hoffus, Sandra'n blentyn swil, anodd ei charu. Carol wedyn yn ei harddegau'n denau a deniadol a phoblogaidd tra oedd Sandra'n fawr ac yn dew ac yn flin, yn enwedig pan oedd pawb yn yr ysgol yn defnyddio ystyr ei chyfenw Ffrangeg i'w gwawdio am ei maint. Carol yn hwylio drwy'r coleg heb weithio fawr ddim ac yna'n priodi bythefnos ar ôl graddio ac yn gwastraffu ei haddysg i gyd, Sandra wedi gorfod gweithio'n galed bob wythnos o bob tymor i gyrraedd y nod.

Gydol ei hoes roedd Sandra wedi bod yn hiraethu am fod fel Carol, er iddi gymryd arni yn ei harddegau nad oedd hi'n malio dim, gan barhau i fwyta a bwyta a bwyta nes mynd yn dewach, dewach ac yn fwy annhebyg fyth i'w chwaer. Dim ond wedi iddi gyrraedd Paris bell y cafodd hi'r argyhoeddiad o rywle i fynd ati o ddifrif i golli pwysau.

Ond, wrth gwrs, fe aeth y peth yn rhy bell. Er iddi golli'r ddwy stôn yr oedd hi wedi bwriadu eu colli, edrychai'r adlewyrchiad yn y drych yr un mor dew ag o'r blaen. A hyd yn oed wedi colli dwy stôn arall doedd hi ddim yn fodlon. Os oedd Mam yn meddwl ei bod hi'n fain heddiw, tybed beth fyddai hi wedi ei feddwl pe byddai hi wedi ei gweld hi chwe mis yn ôl? Byseddodd Sandra'r mymryn braster oedd wedi dechrau dychwelyd eto ym môn ei breichiau, a rhoddodd chwerthiniad bach chwerw wrth geisio dyfalu beth fuasai ymateb ei mam i'r swp o esgyrn mewn croen a alwai hi'n fraich yn ystod y gwanwyn a'r haf eleni.

41

Ond doedd Mam ddim o gwmpas i weld, ac ni sylwodd neb arall pa mor denau oedd Sandra. Neu os gwnaethon nhw sylwi, ddywedson nhw ddim byd. Dim ond ar ôl iddi lewygu un diwrnod yn y llyfrgell y cafodd ei chyflwr enw gan feddyg ac y cludwyd hi ar ei hunion i'r ysbyty i ddechrau'r broses hir, boenus o drin yr anorecsia.

Yn ystod y misoedd y bu hi yn yr ysbyty fe fu raid i Sandra ail-ddysgu sut i fwyta, a hynny heb ruthro i'r lle chwech yn syth wedyn i'w daflu i fyny. A thra bu'r meddygon yn ceisio gwella ei chorff, yr oedd seicolegwyr wrthi'n ceisio gwella ei meddwl trwy ei dysgu i'w gwerthfawrogi ei hun a chredu ynddi ei hun fel aelod cymeradwy o ddynol ryw.

A phan ddaeth hi adre i'r fflat y bore hwnnw ym mis Tach-wedd, yr oedd hi'n Sandra newydd. Ond roedd y bersonoliaeth newydd honno'n fregus. Doedd hi ddim yn haeddu'r llythyr yna.

Am ddeuddydd fedrai hi ddim gweithio na chysgu—na bwyta chwaith. Sut y medrai o gefnu ar Mam ar ôl chwarter canrif o briodas? A sut y medrai o gefnu arni hi, Sandra, pan oedd hi'n barod o'r diwedd i ddisgleirio yn ei olwg? Ond ar y trydydd dydd, fe wnaeth y Sandra newydd benderfyniad. Doedd o ddim am ei threchu hi, doedd dim byd am ei threchu hi mwyach. Roedd hi am fyw, roedd hi am ddilyn y camre hynny a ddysgwyd iddi gan Dr Le Bris, sef bwyta tamaid bach bob dwyawr nes i'r stumog fedru dygymod â bwyd. Ac ymhen mis, meddai'r arbenigwr, fe allai hi wynebu pryd o fwyd, sef platiaid o fwyd go iawn, fel yr oedd pobl eraill yn ei fwyta bob dydd.

Ymhen mis, roedd Sandra wedi meddwl, wrth glywed geiriau'r meddyg, mi fydd hi'n Nadolig. Ac ar y trydydd dydd ar ôl darllen y llythyr yr oedd hi wedi cofio am hynny. A'r diwrnod hwnnw, ar ôl iddi ei gorfodi ei hun i fwyta tafell o fara a darn o afal, ysgrifennodd at Mam i ddweud y byddai hi adref yn ddi-ffael ar gyfer ei chinio Nadolig.

A hwnnw, cinio Nadolig swmpus Olwen Le Grand, fyddai'r cam mawr nesaf yn hanes y Sandra newydd hyderus hon. A rŵan a hithau wedi cyrraedd a gweld nad oedd ei theulu wedi sylwi fod dim yn rhyfedd yn ei hymddygiad, a'u bod wedi derbyn ei hesgus dros beidio â bwyta—rŵan roedd hi'n dechrau mwynhau.

Camodd o'r bàth, ei sychu ei hun, a dychwelyd i'w llofft. Yno dadbaciodd ei bag, gan osod ei holl drugareddau'n dwt ar y gist ac yn y wardrob. Yna, gwisgodd yn ofalus drowsus gwlân llwyd a siwmper *angora* wen a fyddai'n siŵr o dynnu'r dŵr o ddannedd Carol. A chyda mymryn o wên fach ar ei hadlewyrchiad yn y drych mawr ar waelod y grisiau, fe'i paratôdd Sandra ei hun i frwydro efo'r salad.

6

Roedd y salad cynddrwg â'r disgwyl bob tamaid. Wnaeth gorfod disgwyl cyhyd amdano ddim helpu ac roedd stumog Sandra'n corddi ymhell cyn iddi suddo ei fforc i mewn i'r corn bîff.

Roedd Mam wedi mynd o'r parlwr i hulio te toc ar ôl hanner awr wedi pedwar, gan ddweud y byddai bwyd ar y bwrdd cyn pen dim. Cynigiodd Carol a Sandra roi help llaw iddi ond dywedodd Olwen yn bendant iawn nad oedd angen ac nad oedd hi eisiau i Sandra gael annwyd trwy sefyllian yn y gegin ddrafftiog mor fuan ar ôl ei bàth. Arhosodd y ddwy felly yn y parlwr clyd, Carol wrth y bwrdd yn difyrru ei meibion trwy dynnu lluniau a Sandra ar y soffa efo Emyr yn esbonio ei gwaith ymchwil ym Mharis.

Erbyn hanner awr wedi pump roedd bwrdd y parlwr wedi ei orchuddio â lluniau o ddynion eira a choed Nadolig a cheirw Siôn Corn, ac roedd Sandra wedi dweud popeth yr oedd hi'n ddiogel iddi ei ddweud wrth Emyr am ei phymtheg mis ym Mharis. Ond doedd dim sôn fod bwyd yn barod. Roedd Carol erbyn hynny'n aflonyddu gan fod y bechgyn, a Guto'n arbennig, yn flinedig ac yn biwis, a hithau'n awyddus iddynt fwyta er mwyn cael bàth a mynd i'r gwely'n brydlon ar y noson bwysig hon.

'Mi fydd Nain wedi gwneud bwyd neis iti ymhen dau funud, Guto bach!' meddai wrth ei mab ieuengaf wedi i hwnnw swnian am y drydedd waith ei fod eisiau bwyd. 'Tybed be fydd 'na i swper, Owain? Oes gen ti syniad, Guto?'

'Dwi'n gwybod be ydi o!' meddai Sandra, yn llawn cydymdeimlad â'i chwaer am unwaith. Cododd o'r soffa ac aeth i sefyll yn ymyl y bwrdd.

'Iawn 'te, fechgyn,' meddai Carol, gan weld ei chyfle i ddifyrru'r ddau am ryw hyd. 'Mae Anti Sandra'n gwybod beth sydd yna i swper. Beth am geisio dyfalu beth ydi o?'

'*Chips*', cynigiodd Guto'n syth bin.

'Naci,' atebodd Sandra.

'Bîns,' meddai Owain.

Ysgydwodd Sandra ei phen.

'Sosej,' meddai'r bychan wedyn.

'Bîff byrgyrs!'

'Spageti!'

'*Fish fingers*!'

'*Noodle Doodles*!'

Ac yn y blaen. Cododd y lleisiau bach yn uwch ac yn uwch a pharhaodd Sandra i ysgwyd ei phen gan frwydro'n galed i beidio â chwerthin. Wnaeth yr un ohonyn nhw gynnig yr ateb iawn, ffaith a oedd yn awgrymu i'w modryb nad oedden nhw fwy na hithau'n mynd i fwynhau'r pryd oedd yn eu disgwyl yn yr ystafell fwyta. Os oedd o'n disgwyl hefyd. Edrychodd Sandra ar y cloc ar y silff-ben-tân, y cloc efo'r wyneb arian oedd yn anrheg i Paul ac Olwen Le Grand oddi wrth eu plant pan oedden nhw'n dathlu chwarter canrif o briodas, ddwy flynedd yn ôl. Beth oedd Mam yn ei wneud allan yn fan'na ers awr gyfan?

'*Pizza*,' oedd cynnig nesaf Owain.

'Naci!!' gwaeddodd Sandra, gan ildio i chwerthin a thaflu ei breichiau i fyny i ofyn am dawelwch. 'Dydach chi ddim yn agos i fod yn iawn. Nid bwyd poeth ydi o, ond bwyd oer. Be 'dach chi'n feddwl ydi o?'

'Hufen iâ!' atebodd Owain ar unwaith.

'Ddim mor oer â hynny!' chwarddodd Sandra. 'Er efallai y cewch chi dipyn o hufen iâ i bwdin os byddwch chi'n bwyta'ch bwyd cynta' i gyd. Dewch o 'na, un cynnig arall bob un cyn imi fynd i weld ydi bwyd yn barod.'

'Caws!' cynigiodd Owain.

'Bara menyn!' gwaeddodd Guto.

'Da iawn chi. Dwi'n siŵr y bydd yna gaws a bara menyn a chig ac wy a thomatos a phob math o bethau neis, oherwydd mae Nain yn gwneud salad i swper inni i gyd.'

'Guto'm yn licio,' oedd ymateb y lleiaf, a'i wyneb bach yn disgyn.

''Rwyt ti'n hoffi rhai pethau, Guto bach,' cysurodd ei fam ef. 'Rwyt ti wrth dy fodd efo bara menyn a chaws ac wy. Dyna fel y mae hi efo salad, wsti, rwyt ti'n cael dewis y pethau sydd orau gen ti. Does dim rhaid iti fwyta dim byd nad wyt ti'n ei hoffi.'

'Wel, mae Anti Sandra am fynd i helpu Nain,' meddai eu modryb ar draws yr hen ddistawrwydd fflat oedd wedi dilyn y rhialtwch. 'Be am i chi a Mam wneud lluniau cymaint o wahanol fwydydd ag y medrwch chi erbyn i mi ddod 'nôl i ddweud fod bwyd yn barod?'

Roedd y wên yn dal i fod ar wyneb Sandra wrth iddi gau drws y parlwr. Fu hi erioed yn un am blant ond roedd yn rhaid iddi gyfaddef fod rhywbeth yn hoffus ym mechgyn Carol, yn enwedig Guto bach. Roedd hi wedi synnu gymaint yr oedd hi wedi mwynhau eu cwmni.

Yn yr ystafell fwyta, roedd y bwrdd wedi ei hulio a'r bwyd hefyd wedi ei osod yn ddestlus ar y bwrdd—a hynny ers peth amser, yn ôl ei olwg. Roedd y dail letys yn dechrau mynd yn llipa, y bara menyn yn dechrau chwysu a'r tafelli tenau o domato a chiwcymbyr yn dechrau magu croen wrth sefyll.

Ceisiodd Sandra anwybyddu'r corddi yn ei stumog wrth feddwl am orfod bwyta'r bwyd o'i blaen. Ble'r oedd Mam? Roedd popeth yn barod. Pam na chawsant alwad i ddod at y bwrdd i'w fwyta? Fe fu bron i Sandra ddychwelyd i'r parlwr i ddweud wrth Carol a'i theulu fod swper yn barod, ond teimlai mai gwell oedd iddi fynd i sicrhau fod Mam yn iawn yn gyntaf.

Ond doedd Mam ddim yn hafan ei chegin, a doedd hi ddim chwaith i'w chlywed yn ystwyrian yn y gegin gefn na'r pantri. Gwnaeth Sandra yr hyn a wnaethai droeon lawer o'r blaen wrth ddod i'r tŷ a chael y gegin yn wag—safodd wrth droed y grisiau a gweiddi: 'Mam!' Ond heddiw ni ddaeth llais cyfarwydd ei mam i'w hateb a dringodd Sandra'r grisiau efo llu o ofnau erchyll yn ymgasglu yn ei phen. Aeth ar ei hunion i gyfeiriad yr ystafell wely fwyaf, yr un oedd yn ffrynt y tŷ, uwchben y parlwr.

Safodd wrth y drws a chnocio fel y gwnâi bob amser cyn mynd i'r ystafell hon. Gan na ddaeth ateb, cnociodd unwaith yn rhagor cyn agor y drws a chamu i mewn. Doedd yr ystafell ddim wedi newid dim. Dwy wardrob fawr o dderw golau, y bwrdd gwisgo a'r drych mawr, y gadair esmwyth wrth y ffenest a'r gwely'n ganolbwynt i'r cwbl, y gwely mawr efo'r garthen las a'r ddau fwrdd bach o bobtu iddo, ac ar bob un yr oedd lamp ac iddi len o'r un deunydd â'r garthen.

Sut ar y ddaear y gallai Mam barhau i gysgu a gwisgo a choluro yn yr ystafell ofnadwy yma? Doedd bosib ei bod hi'n gallu dygymod â byw o ddydd i ddydd yn y llofft hon oedd yn dwyn yr un atgofion ag a fyrlymai ym meddwl Sandra'r funud yma? A llu o rai eraill na allai Sandra ddechrau eu dychmygu.

Cofiai Sandra ddod i mewn i'r llofft yma ganol nos rywbryd pan oedd hi'n dioddef o'r ddannodd. Mam yn sychu ei dagrau ac yn codi'n syth bin i nôl ffisig a photel ddŵr poeth iddi. A phan oedd hi'n parhau i grio, Dad yn ei chodi a'i gosod yng nghanol y gwely mawr rhwng y ddau ohonynt. A chyda breichiau Mam yn dynn amdani a llais hyfryd Dad yn mwmian canu yn ei chlust yr aeth hi i gysgu'r noson honno.

A chofiai Sandra nifer o foreau Nadolig ers talwm pan oedden nhw'r plant wedi codi'n blygeiniol i chwarae efo'r anrhegion yn eu hosanau nes bod bodiau eu traed yn las wrth odre eu dillad nos. Yna, wedi clywed Dad o'r diwedd yn mynd i lawr y grisiau i wneud paned o de, byddent yn disgwyl gan ddal eu gwynt bron nes iddynt glywed sŵn ei draed yn dod yn ôl i fyny'r grisiau efo'r hambwrdd. Unwaith y byddai'r drws wedi cau ar ei ôl, byddai pob un ohonyn nhw'n mynd at eu cuddfannau i mofyn eu hanrhegion mwyaf arbennig—potiau dal blodau a hancesi a hwyaid plastr i Mam, pethau dal goriadau a hancesi ac ysgrifbinnau i Dad—ac wedi iddynt ymgasglu wrth y drws efo'u parseli bach aflêr yn eu dwylo, rhoddai Carol gnoc uchel ar y drws cyn iddynt i gyd hyrddio i mewn i'r ystafell ac amgylch-ynu'r gwely mawr lle byddai Mam a Dad yn eistedd yn wên o glust i glust.

Na, fyddai Sandra ddim yn medru dioddef treulio oriau bwy gilydd yn yr ystafell yma rŵan, heb sôn am ddringo bob nos i'r gwely mawr glas. Fe fyddai hi wedi dewis cysgu yn un o'r gwelyau eraill—unrhyw lofft heblaw hon. Tybed ai dyna a wnâi Mam pan oedd hi yma ei hun, heb neb ohonynt hwy hyd y lle i hawlio eu llofftydd arferol?

Ond ble'r oedd Mam y munud yma? Rhoddodd Sandra gnoc ar ddrws yr ystafell ymolchi wrth basio ond doedd neb yno. Dychwelodd i'r gegin, fel petai hi'n disgwyl i'w mam ymddangos allan o un o'r cypyrddau neu o ryw guddfan o dan y bwrdd. Dim. Roedd hi ar fin mynd i'r parlwr i adrodd am y dirgelwch wrth Carol ac Emyr pan glywodd hi sŵn y drws cefn yn agor a theimlodd wynt oer yn chwipio'n ffyrnig drwy'r gegin.

Trodd i weld Olwen yn sefyll y tu ôl iddi yn ei chôt law, ei gwallt yn flêr a'i bochau'n anarferol o goch. Daliai gwdyn papur llwyd yn ofalus yn ei dwylo.

'Oeddet ti'n meddwl 'mod i wedi diflannu, Sandra fach?' gofynnodd efo chwerthiniad bach anesmwyth. 'Sylweddoli wnes i'n sydyn nad oedd gen i'r un wy yn y tŷ 'ma i'w berwi ar gyfer y salad, felly mi bicies i draw i'r Tyddyn Isa' i fenthyg y rhain gan Tecwyn—Mr Hughes, wsti, sy'n byw yn y Tyddyn Isa' ers misoedd rŵan. Beth bynnag, mi roddodd o'r hanner dwsin oedd ganddo fo imi gael eu defnyddio nhw rŵan ac mae o am brynu dwsin arall yn y garej heno pan fydd o'n mynd i lawr i'r dre am ei beint. Mi wnaiff o alw yma efo nhw ar ei ffordd adref yn hwyr heno. Mae'n gas gen i fod heb wyau.'

Roedd Sandra wedi syllu'n gegagored ar ei mam drwy gydol yr esboniad cymhleth ynglŷn â'r wyau, ond llwyddodd i ddod o hyd i'w thafod o'r diwedd.

'Roeddwn i'n methu deall lle'r oeddech chi,' meddai hi. 'Carol oedd yn poeni fod y bechgyn eisiau bwyd a hithau eisiau eu hel nhw i'r gwely. Ydach chi'm eisiau i mi eu galw nhw i ddechrau bwyta tra byddwch chi'n berwi'r wyau?'

'Na, wnaiff y bechgyn ddim bwyta salad, wsti. Rydw i am wneud caws ar dôst a hufen iâ iddyn nhw yma ar fwrdd y gegin ac wedyn mi gân nhw fynd i'r gwely'n reit handi. Dyna pam wnes i ddim gosod lle iddyn nhw yn yr ystafell fwyta.'

'Ond mi gyfrais i . . .'

'Wedi gosod lle bob un i Kevin a Lynda ydw i. Meddwl oeddwn i y byddai hi'n braf inni ddisgwyl am ein pryd ni nes bod y bechgyn yn cysgu, inni gael cyfle i ymlacio a mwynhau tipyn o sgwrs.'

'O, wela i,' meddai Sandra mewn llais gwan, gan geisio dyfalu sut olwg fyddai ar y salad erbyn i bawb ymgasglu o gwmpas y bwrdd bwyd. Ac arferai Mam roi'r fath bwyslais ers talwm ar fwyta salad y munud yr oedd o wedi ei baratoi, rhag ofn iddo ddifetha.

Yr oedd Olwen eisoes wedi tynnu ei chôt ac yn brysur yn paratoi'r caws ar dôst ar gyfer Owain a Guto, felly dychwelodd Sandra i'r parlwr i ddweud wrth y bechgyn na fyddai gofyn iddynt ddisgwyl fawr hwy am eu swper. Ond doedden nhw ddim yn swnian am fwyd, erbyn hyn, a hwythau wedi dod o hyd i raglen swnllyd ar y teledu oedd yn amlwg yn dipyn o ffefryn ganddyn nhw a'u tad.

Croesodd Sandra'r ystafell i fynd i eistedd wrth y bwrdd efo'i chwaer fawr. Roedd hi'n ymwybodol wrth wneud hynny fod Carol yn edrych arni, yn sylwi ar ei dillad a'i ffurf osgeiddig.

'Mae Mam yn gwneud caws ar dôst a hufen iâ i'r bechgyn rŵan,' meddai'n ddistaw.

'O, diolch yn fawr iti, Sandra. Dydyn nhw ddim yn hoff o salad.'

'Nid i mi mae'r diolch. Roedd Mam wedi penderfynu hynny. Y bwriad ydi i ti gael gan y bechgyn gysgu ac i ninnau ddisgwyl nes bod Kevin a Lynda wedi cyrraedd ac wedyn cael y salad. Ond Carol, mae'r bwyd i gyd ar y bwrdd yn difetha ers dros awr yn barod. Dydi o ddim 'fath a Mam i adael i fwyd ddifetha, yn nac ydi?'

'Mae'n siŵr fod yn rhaid inni fod yn amyneddgar efo hi,' meddai Carol. 'Dydi hi ddim yn mynd i fod yn hollol fel hi'i hun, yn nac ydi, ar ôl yr hyn sy wedi digwydd? Efo Dad, wsti. Mae peth ofnadwy fel yna'n siŵr o fod wedi cael effaith arni, hyd yn oed os ydi hi'n edrych yn hollol yr un fath ag arfer ar yr wyneb.'

Nodiodd Sandra.

'A sôn am sut mae pobl yn edrych,' ychwanegodd Carol, 'rwyt ti'n edrych yn ffantastig. Oedd hi'n anodd iti golli'r pwysau yna i gyd ar ôl yr holl amser?'

'Na ... na, ddim felly.'

'Mae'n siŵr fod gweld yr holl ddillad hyfryd 'na ym Mharis wedi rhoi hwb iti. Roedd y siwt 'na oedd gen ti amdanat pan ddoist ti heddiw yn edrych fel rhywbeth allan o gylchgrawn drud. Sut medraist ti ei fforddio hi? Oedd hi ar sêl?'

'Na, mi addewais i mi fy hun y byddwn i'n prynu tipyn o ddillad couture petawn i'n colli digon o bwysau i'w gwisgo nhw. Mi wnes i dipyn o waith cyfieithu eleni ac efo'r arian mi brynais i'r siwt yna a'r trowsus yma sy gen i rŵan ac un ffrog anfarwol. Rydw i wedi dod â honno efo fi i'w gwisgo ar gyfer dy barti pen blwydd di.'

'Sut un ydi hi?'

'Gei di weld.'

Chwarddodd Carol. Fu'r ddwy erioed mor gytûn. Buont yn eistedd yno'n trafod dillad a phrisiau a phopeth dan haul nes i'w mam ddod i ddweud fod swper y bechgyn ar y bwrdd.

Erbyn saith o'r gloch roedd Owain a Guto wedi bwyta pob tamaid o'u swper, wedi cael bàth ac wedi mynd i'w gwelyau, ond doedd dim golwg o Kevin nac o Lynda. Eisteddai Olwen ar y gadair wrth ddrws y parlwr gan edrych yn fynych i gyfeiriad y cloc ar y silff-ben-tân.

'Waeth inni heb â disgwyl mwy amdanyn nhw,' meddai hi o'r diwedd. 'Unwaith y daw Carol i lawr o'r llofft, mi gawn ni fwyta. Mae'n siŵr y daw'r ddau ohonyn nhw'r munud yr eisteddwn ni wrth y bwrdd.'

'Mi a' i weld sut hwyl mae Carol yn ei gael efo'r hogiau,' meddai Emyr, oedd wedi bod yn edrych fel dyn ar lwgu ers yn agos i awr. Ond pan ddaeth yn ei ôl i'r parlwr rai munudau wedyn, nid oedd newyddion rhy dda ganddo. Serch eu blinder, roedd y bechgyn bach wedi cynhyrfu gormod wrth feddwl am Siôn Corn i fedru cysgu—hyd yn oed ar ôl i'w mam ddarllen stori iddyn nhw.

'Fuasai hi ots gynnoch chi petawn i'n cael fy mwyd i rŵan ac wedyn yn ffeirio lle efo Carol?' gofynnodd Emyr.

'Na, ddim o gwbl,' atebodd ei fam-yng-nghyfraith, gan sbïo eto ar y cloc. Waeth i'r tri ohonom ni fwyta. Ewch chi eich dau i eistedd wrth y bwrdd ac mi wna i baned o de. Beth amdanat ti, Sandra? Gymeri di goffi?'

'Na, dim i mi rŵan, Mam, diolch.'

Ac felly, aeth Sandra i eistedd wrth y bwrdd. Roedd y munud y bu hi'n ei hofni cyhyd wedi cyrraedd. Eisteddodd yn ei lle a rhoddodd ddeilen letys a darn o gorn bîff a dwy dafell o domato ar ei phlât. Disgwyliai glywed llais ei mam yn ei hannog i gymryd mwy, yn dweud wrthi nad oedd ganddi hi ddigon o fwyd o'i blaen i fodloni dryw bach heb sôn am eneth ar ei phrifiant. Disgwyliai i Emyr syllu arni gan ryfeddu at y modd petrusgar yr oedd hi'n trin ei bwyd. Ond chymerodd yr un o'r ddau fawr o sylw ohoni. Roedd Emyr yn brysur yn llowcio'i fwyd mor sydyn ag y gallai—ac roedd hynny'n sydyn iawn—er mwyn iddo fynd i fyny'r grisiau i ddarllen storïau i'w feibion, ac roedd Mam yn amlwg ar bigau'r drain yn gwrando bob eiliad am sŵn car ar y buarth oddi allan.

Oedd, roedd y salad yn ofnadwy. Ond doedd y profiad o eistedd unwaith eto wrth fwrdd mawr Tyddyn Ucha' ddim hanner mor frawychus ag yr oedd Sandra wedi ei ddychmygu. Llwyddodd i fwyta tipyn go lew o'r corn bîff a'r rhan fwyaf o'r letys a'r tomato. Ei phroblem yn awr oedd cael gwared o'r darn o fara menyn yr oedd ei mam wedi mynnu ei roi ar ochr ei phlât, ar waethaf ei phrotestiadau. Dechreuodd gnoi un gornel, gan deimlo'r hen gorddi cyfarwydd yn dechrau ar unwaith yn ei chylla. O nefi! Roedd hi am fod yn sâl. Fedrai hi ddim bwyta'r frechdan. Agorodd ei cheg i wneud rhyw esgus ...

Ond cyn iddi fedru yngan gair, trawodd Emyr ei gyllell a'i fforc i lawr yn swnllyd ar ei blât gwag a chododd o'i gadair.

'Roedd hwnna'n neis iawn,' meddai, yn union fel petai o'n ei feddwl o. 'Wnewch chi f'esgusodi i rŵan? Mi a' i at yr hogiau er mwyn i Carol gael dod at y bwrdd tra bydd y te'n dal yn ffres.'

Ac i ffwrdd â fo. Clywodd Sandra sŵn ei draed mawr ar y grisiau. Ond clywodd ei mam rywbeth arall. Cododd hithau o'i chadair ac aeth at y ffenest.

'Kevin!' meddai, mewn llais oedd yn fwrlwm o ryddhad. 'Diolch i'r drefn!'

Rhoddodd Sandra weddill y bara menyn ym mhoced ei throwsus.

7

25 Rhagfyr

Pan ddeffrôdd Kevin yr oedd digon o oleuni'n treiddio drwy'r llenni iddo fedru gweld fod rhywbeth yn hofran uwch ei ben, rhywbeth fel haid o adar rheibus allan o hen ffilm gowbois. Caeodd ei lygaid eto gan feddwl ei fod yn dal i freuddwydio, ond wedi iddo eu hailagor gwelodd fod rhyw ffurfiau tywyll yn yr awyr o hyd, yn syllu i lawr yn fygythiol arno.

Yna, cofiodd ble'r oedd o—yn ôl yn ei hen lofft dan y to yn Nhyddyn Ucha'. A'r ffurfiau crog uwch ei ben oedd yr awyrennau Airfix y bu wrthi mor ddygn yn eu hadeiladu a'u peintio ers talwm. Fel yr oedd ei lygaid yn dygymod â'r gwyll, gallai weld p'un oedd p'un. Yr agosaf ato oedd yr un gyntaf iddo ei gwneud erioed, y Sopwith Camel. A dweud y gwir, Dad oedd wedi gwneud y rhan fwyaf o'r gwaith ar honno, heblaw am yr addurno. Ond am y lleill, y Spitfire, y Vulcan, y Phantom a'r Harrier, roedd o'n dal i fedru ymfalchïo yn y job dda wnaeth o ohonyn nhw.

Symudodd Kevin ei olygon oddi wrth yr awyrennau oedd yn crogi'n uchel dan grib y to at y silffoedd yr oedd Dad wedi eu codi iddo ar y wal gyferbyn â'r gwely. Yno'r oedd yr holl lyfrau a adawodd ar ei ôl pan ymadawodd am y coleg—llyfrau'n llawn o luniau cantorion roc yn bennaf—a rhes o albwms coch yn dal ei holl ymdrechion cynnar ym maes ffotograffiaeth gelfyddydol.

Teithiodd ei lygaid o gwmpas y waliau gwynion, gan gofio popeth am bob un o'r darluniau olew a phastel a welai yno. Roedd y llun mawr o'r llwynog yn ymddangos yn hynod o fabïaidd iddo erbyn hyn ac ni allai gredu bellach iddo gael marc da amdano yn ei gwrs lefel-O. Ond yr oedd rhai o'r lluniau lefel-A, yn enwedig yr un mawr mewn pastels o'r olygfa o ffenest ei lofft yma yn Nhyddyn Ucha', yn haeddu eu lle.

Roedd cymaint wedi digwydd i Kevin er pan gynhyrchodd y lluniau yna, ac eto roedd popeth yn yr ystafell yn union fel yr oedd o pan aeth i ffwrdd i'r coleg am y tro cyntaf. Yr unig beth newydd a welai oedd copi wedi ei fframio o'r llun hwnnw fu yn y papur lleol pan ddaeth y newydd ei fod ef wedi cael ei dderbyn i astudio yn y Slade, bron dair blynedd yn ôl, bellach.

Mae'n rhaid fod Mam wedi prynu copi o'r llun o swyddfa'r papur newydd. A chysidro ei bod hi hefyd wedi prynu dwsinau o gopïau o'r rhifyn hwnnw o'r papur i'w hanfon at bron bawb o'i chydnabod, mae'n rhaid fod y cyhoeddwyr wedi gwneud cryn elw o'r un stori fechan honno.

Byddai Chris yn dweud yn aml wrth Kevin ei fod wedi ei ddifetha gan ei fam. Byddai'n dweud hynny gan amlaf pan fyddai Kevin wedi gadael tomenni bach o ddillad yma ac acw ar hyd llawr y fflat, neu'n hofran o gwmpas yn gobeithio am baned yn lle mynd i'r gegin i wneud un drosto'i hun. Ac mi fuasai un olwg ar y llofft yma—llofft wedi ei rhewi mewn amser yn ystafell bachgen bach am byth—yn cadarnhau holl amheuon Chris.

Wrth gwrs, doedd ar Mam ddim angen yr hen hongliad o lofft ddrafftiog yma mor uchel o dan y to, ac efallai ei bod hi'n haws ei chadw fel yr oedd hi na mynd i'r gost a'r drafferth o'i hadnewyddu, yn enwedig gan fod y nenfwd mor uchel i'w beintio. Eto, roedd hi'n anodd credu mai dyna oedd rheswm Mam dros adael popeth heb ei newid.

Tristaodd Kevin wrth feddwl am ei fam druan ar ei phen ei hun yn yr hen dŷ mawr yma o ddydd i ddydd ac o wythnos i wythnos. Doedd ryfedd ei bod hi mor arbennig o falch o'u gweld i gyd gartre y tro hwn, bron fel geneth ifanc mewn cariad am y tro cyntaf. Synnodd Kevin eto at gryfder yr atgasedd a deimlai tuag at ei dad am fynd i ffwrdd fel y gwnaeth o, gan adael Mam ei hun ar ôl chwarter canrif o briodas. Mam druan, oedd wedi rhoi heibio'i gobeithion am yrfa i'w briodi o, oedd wedi rhoi oes o gariad a gwasanaeth iddo ef a phedwar o blant, a'r unig ddiolch a gawsai wedyn oedd ei weld yn gadael mor ddisymwth, heb air o esboniad wrthi hi na'r plant.

Wedi'r cwbl, doedd y tipyn llythyr a gafodd pob un ohonyn nhw ddim yn cynnig rheswm, dim ond dweud yn foel ei fod o'n mynd. Dywedai chwiorydd Kevin drosodd a throsodd eu bod yn methu â chredu'r peth. Bob tro yr âi Mam allan o'u clyw neithiwr, roedden nhw wedi ailddechrau trafod y posibiliadau yn eu hymdrech i ddod o hyd i reswm dros yr hyn a ddigwyddodd.

Nid oedd Kevin wedi ymuno yn y sesiynau holi, oherwydd doedd o ddim yn ei chael hi'n anodd credu yng nghreulondeb ei dad tuag at ei fam. Mae'n wir na fu arlliw o'r creulondeb hwnnw i'w weld erioed yn ymddygiad ei dad tuag ati, ond pan ymddangosodd o'r diwedd, nid oedd Kevin wedi'i synnu o gwbl. Yn wir, bron na theimlai'n falch fod Dad wedi bod mor anfaddeuol o ddidrugaredd wrth Mam er mwyn iddo gael rheswm o'r diwedd am ei gasineb at ei dad, teimlad a fu mor anesboniadwy yn y gorffennol.

Fel yr arferai Nain ddweud erstalwm, cannwyll llygad ei thad yw merch ond cysur i'w fam ydi mab. Dyna sut y bu hi yn Nhyddyn Ucha' yn sicr. Efallai am eu bod nhw mor gorfforol debyg i'w tad efo'u gwalltiau duon, gloyw a'u llygaid bach brown, fe glosiai Carol, Sandra, a Lynda at eu tad, gan ymgasglu ar y mat o gwmpas ei draed pan oedd y teulu i gyd yn y parlwr fin nos, tra byddai Kevin a'i fam, y ddau bryd golau, yn eistedd ychydig ymhellach oddi wrth y tân. Ar y soffa y byddent hwy, Mam efo'i gweu a'i mab efo'i feddyliau.

Eto, doedd Kevin erioed wedi meddwl am aelodau ei deulu fel ni a nhw, nac wedi llawn sylweddoli ei deimladau at ei dad, nes iddo dderbyn y llythyr swta yna fis yn ôl. Bryd hynny fe gododd tonnau parod o atgasedd oddi mewn iddo a sylweddolodd yn syth iddynt fod yn cronni yn ei grombil yn ddiarwybod iddo, bron, er dyddiau ei blentyndod.

Gwyddai yr un eiliad hefyd, na fyddai'r genethod yn medru cysuro dim ar Mam yn ei hawr ddu. Paratôdd ar unwaith ar gyfer rhuthro adre o Lundain i fod efo hi. A theimlodd euog-rwydd ofnadwy na fu gartre er yr haf. Efallai petai o wedi bod yno'n amlach y gallasai fod yn fur iddi rhag rhywfaint o'r siom. Dichon y gallai fod wedi canfod yr arwyddion hynny yn ymddygiad Dad yr oedd Mam yn amlwg wedi methu eu gweld.

Wrth gwrs, fe fyddai wedi mynd adre'n llawer amlach oni bai am ei awydd i arbed ei fam rhag loes. Roedd cymaint o bethau yn ei fywyd o rŵan na allai hi byth mo'u deall.

Yn syth ar ôl iddo ddarllen y llythyr, paciodd Kevin ei fag a chododd y ffôn i roi caniad i Mam i'w chysuro. 'Peidiwch â phoeni, mi fydda i yna ar fy union,' dyna oedd byrdwn ei neges. Ond cafodd ymateb annisgwyl gan ei fam. Roedd o wedi disgwyl y byddai hi ar bigau'r drain yn disgwyl iddo ddod adre ati, ond na, swniai'n eithaf digyffro ac yn hollol benderfynol nad oedd hi am iddo frysio adre.

'Mae dy waith coleg di'n rhy bwysig, Kevin,' meddai hi wrtho. 'Mi fydda i'n iawn. Mi edrycha i 'mlaen at dy weld pan ddoi di adre, 'Dolig.'

A dyma hi rŵan yn ddydd Nadolig. Ar goll yn ei feddyliau, roedd Kevin wedi anghofio hynny. Efallai ei fod yn tyfu i fyny o'r diwedd.

Dydd Nadolig. Esboniai hynny'r lleisiau ifainc cynhyrfus y bu'n eu clywed neu'n hanner eu clywed o'r ystafell islaw. Bechgyn bach Carol oedd wrthi'n agor eu hosanau, wrth gwrs.

Da y cofiai Kevin sut deimlad oedd cynhyrfu'n lân ar fore dydd Nadolig. Unwaith, yn yr union lofft yma, bwytaodd hanner dwsin o Santas siocled cyn codi o'i wely, nes taflu i fyny dros ei Spirograph newydd sbon. Roedd o wedi crio fel babi wrth iddo sylweddoli beth oedd wedi digwydd, er ei fod tua naw oed erbyn hynny. Roedd Mam a Dad wedi rhuthro i weld beth oedd achos yr holl stŵr a bu'r ddau'n ceisio ei gysuro er eu bod yn ei chael hi'n anodd peidio â chwerthin. Cofiai Kevin fel y bu i'w dad ei gario i lawr y ddwy res o risiau a'i ddifyrru trwy chwarae Snap efo fo o flaen y tân yn y parlwr tra bu ei fam yn newid dillad y gwely ac yn glanhau'r Spirograph. Roedd hynny amser maith yn ôl.

Y funud honno, a Kevin yn dal i synfyfyrio am ei blentyndod, agorodd drws ei lofft led y pen a ffrwydrodd meibion Carol i mewn i'r ystafell. Owain mewn mwgwd Batman yn dal gwn plastig coch a Guto mewn helmed pêl-droed Americanaidd, gwasgod gowboi a phâr o slipars efo clustiau a thrwnc eliffant. Rhedasant yn syth at y gwely a chan wneud sŵn fel Indiaid Cochion, dringodd y ddau i fyny i eistedd ar eu hewythr, Guto ar ei frest ac Owain ar ei goesau.

'Isio ''Gee, ceffyl bach'',' gwaeddodd Owain.

'Ji 'ffil bach,' adleisiodd Guto.

Ceisiodd Kevin esbonio ei bod hi'n amhosib gwneud 'Gee, ceffyl bach' a Guto, oedd yn rhyfeddol o drwm, yn eistedd ar ei ysgyfaint, ond dechreuodd Owain oglais ei fol drwy ddillad y gwely ac ni fedrai ond chwerthin yn ddilywodraeth am beth amser. Llwyddodd, fodd bynnag, i wasgu'r rhan uchaf o'i gorff allan o afael coesau Guto a chyda'r ddau ohonynt yn eistedd ar ei ymysgaroedd fe ganodd 'Gee, ceffyl bach' ddwywaith. Doedd o ddim yn brofiad pleserus i Kevin ond fe gafodd y bechgyn fwynhad mawr ohono.

'Wel, ydi Siôn Corn wedi bod?' gofynnodd wedyn pan oedd y ddau ohonynt yn rowlio chwerthin hyd y gwely. Ei obaith oedd y byddai'r cwestiwn yn peri iddynt newid eu cynllun i gael 'Gee, ceffyl bach' eto.

'Do,' meddai Owain.

'Eto,' meddai Guto.

'Ie, eto, Yncl Kevin,' ategodd Owain.

Erbyn hynny, fodd bynnag, yr oedd Kevin wedi llwyddo i eistedd i fyny yn y gwely a doedd yr holl beth ddim cymaint o artaith. Serch hynny, erbyn y pumed neu'r chweched perfformiad, roedd eu hewythr yn dechrau amau a fyddai ef byth yr un fath eto. Bryd hynny y dechreuodd Owain ei oglais eilwaith.

Bu gan Kevin oglais ofnadwy erioed ac ni fedrai ymatal rhag chwerthin a gwingo dan gyffyrddiad Owain. Gwelodd Guto effaith ymdrechion ei frawd mawr ac ymunodd yn yr hwyl, ond i Guto nid hwyl oedd o. Roedd o'n llawdrwm ac yn frwnt, ac yn peri i Kevin weiddi mewn protest, rhwng difrif a chwarae. Y canlyniad fu i'r gogleisio droi'n ymrafael wrth i'r ddau fachgen waldio Kevin â'u dyrnau bychain ac yntau'n esgus galw am gymorth nes iddo o'r diwedd lwyddo i gael ei freichiau'n rhydd a medru sodro un ohonynt dan bob cesail i'w llonyddu.

'Dyna fi wedi'ch dal chi!' gwaeddodd mewn llais ffyrnig a wnâi i'r bechgyn chwerthin. 'Be wna i efo chi rŵan?'

Ond cyn i Kevin fedru meddwl am gosb ddieflig ar gyfer ei garcharorion, daeth ei fam drwy'r drws agored efo paned o de a phlatiaid o fisgedi siocled iddo. Dymunodd Nadolig Llawen i'w mab a gosododd y te a'r bisgedi ar y cwpwrdd bychan wrth ochr y gwely. Yna, llwyddodd i berswadio'i hwyrion i fynd i lawr i'r parlwr i ddisgwyl am Yncl Kevin, gan addo iddynt y byddai yno'n chwarae llu o gemau diddorol efo nhw ar ôl iddo gael cyfle i godi a gwisgo.

Gwthiodd Olwen gefnau'r bechgyn yn ysgafn i'w cyfeirio at y drws. Wedyn safodd am ennyd i'w gwylio'n hiraethus wrth iddynt fynd i lawr y grisiau. Yna, wedi gweld fod y ddau wedi cyrraedd gwaelod y grisiau serth yn ddiogel, daeth ati ei hun a throdd i agor y llenni. Llifodd yr heulwen wan i'r ystafell gan beri i'w gwallt golau edrych yn euraid ac i'w llygaid mawr glas ddisgleirio fel rhai merch ifanc. Meddyliodd Kevin y buasai'n anodd i ddieithryn gredu o'i gweld hi'n awr ei bod hi wedi dioddef cyfres o siomedigaethau go arw yn ystod y mis a aeth heibio, yr un olaf ohonyn nhw ddoe ddiwethaf.

'Mae'n druéni nad ydi'r bechgyn am gael dod i fyw'n agosach atoch chi, Mam,' meddai Kevin, oedd heb gael cyfle i drafod y newyddion diweddaraf efo'i fam ar ôl iddo eu clywed gan Sandra neithiwr.

'Ydi,' cytunodd hithau, 'ond dyna ni, doedd dim posib i Emyr ddisgwyl am byth cyn cael dyrchafiad er mwyn plesio hen greadures fel fi. Does yna ddim llawer o swyddi o'r fath i'w cael yma'n y gogledd, yn nac oes? Dwi'n meddwl ei fod o'n gwneud yn gall, ac yn gwneud yr hyn sydd orau er lles 'i wraig a'i blant.'

Wyddai Kevin ddim yn iawn sut i ateb hynny.

'Wel, efallai y caiff o swydd yma yn y gogledd cyn bo hir,'

meddai'n y diwedd, gan wybod wrth ynganu'r geiriau eu bod yn gwbl annigonol i gysuro ing ei fam.

'Efallai, wir,' atebodd Olwen, gan nodio'n araf, 'ond mi fydd hi'n rhy hwyr wedyn i wneud yr hyn oedd gen i mewn golwg.' Daeth i eistedd ar erchwyn y gwely a gostyngodd ei llais ronyn cyn parhau. 'Paid â sôn wrth Carol, 'ngwas i, ond yr hyn oeddwn i wedi'i obeithio oedd y buasai Emyr yn cael swydd yn yr ardal yma'n o handi ac y gallai Carol a'r plant ac yntau symud yma i Dyddyn Ucha' i fyw. Rydw i'n bwriadu symud o'ma, wel'di. Fedra i ddim aros yma fy hun. Mae o'n dŷ rhy fawr i un. Ac eto, peth anodd ydi meddwl am bobl ddiarth yn byw yma. Wedi'r cwbl, yn y tŷ yma y ces i 'ngeni.'

Meddyliodd Kevin y gallasai ef yn hawdd ladd ei dad â'i ddwylo ei hun petai hwnnw'n ymddangos yno o'i flaen y munud honno.

'Peidiwch â gwneud penderfyniad ar frys, Mam,' oedd y cwbl a ddywedodd, fodd bynnag. 'Mae hi'n fuan eto.'

Nid atebodd ei fam, ac eisteddodd Kevin yntau'n ddistaw am ennyd gan ei fod yn rhyw deimlo'i bod hi'n ei pharatoi ei hun i ddweud rhywbeth arall pwysig wrtho. Ond y cwbl a ddywedodd hi oedd ei bod hi'n hen bryd iddi fynd i gael golwg ar y twrci. Plannodd gusan ysgafn ar dalcen Kevin a chyda gwên siriol ond hynod o drist, trodd oddi wrtho ac aeth yn ôl i lawr i'r gegin.

8

Penderfynodd Kevin ei siapio hi a chodi cyn i Owain a Guto ddod yn eu holau i chwilio amdano. Twtiodd dipyn ar ei wely, gan ddwyn i gof eiriau Chris ar y testun. Er mor braf oedd gweld ei fam a'i chwiorydd unwaith eto, roedd o'n gweld eisiau Chris yn fawr. Roedd ei fywyd yn Llundain mor gwbl wahanol i fywyd yn Nhyddyn Ucha' nes gwneud iddo deimlo ei fod fel y cymeriad hwnnw allan o'r Mabinogi oedd wedi camu'n anfwriadol i fyd arall, afreal.

Cofiodd Kevin fel yr oedd ef a Chris wedi cynllunio i dreulio'r Nadolig efo'i gilydd eleni yn y fflat yn Battersea, cyn i ymadawiad Dad wneud hynny'n amhosib. Roedden nhw wedi bwriadu mynd i lawr i'r dafarn ganol dydd heddiw a dod yn eu holau am ginio hwyr hamddenol, cyn mynd i barti yn nhŷ dau o'u ffrindiau gyda'r nos. Fyddai Chris byth yn mentro mynd i'r dafarn nac i'r parti heb Kevin. Na, eisteddai yno'n unig heb fentro o'r fflat drwy'r dydd. Fe ffoniai Kevin cyn diwedd y dydd, doed a ddelo, i dorri ar yr unigrwydd erchyll hwnnw.

Tynnodd siwmper dros ei byjamas ac aeth am y lle chwech. Ond wedi cerdded i lawr y grisiau i'r llawr lle'r oedd y pedair ystafell wely arall a'r ystafell ymolchi, cafodd Kevin fod y drws ar glo a'r sŵn dŵr oddi mewn yn datgan fod rhywun yn cael bàth. Yn hytrach na loetran yno, aeth i lawr i'r gegin, a'i gael ei hun yng nghanol prysurdeb unigryw bore Nadolig.

'Ddoist ti â'r cwpan a'r plât i lawr efo chdi?' gofynnodd Carol, oedd yn sefyll wrth y sinc yn gwisgo pâr o fenig rwber pinc.

'Y ... naddo,' atebodd Kevin, oedd wedi bod ar fin dymuno Nadolig Llawen iddi.

'Fuasai ots gen ti gael dy frecwast yn y gegin 'ma?' gofynnodd ei fam. 'Rydan ni ar fin gosod y bwrdd.'

'Mae pawb arall wedi bwyta brecwast ers awr a mwy,' meddai Carol wedyn. 'Heblaw Sandra. Dydi hi ddim eisiau bwyd.'

'Dydi Sandra ddim wedi bod yn dda, cofia, Carol,' siarsiodd Mam. 'A beth am ddymuno Nadolig Llawen i dy frawd?'

'Nadolig Llawen, Kevin!' gwaeddodd Carol yn uchel yn ei glust, gan droi oddi wrth y sinc a bygwth gafael yn ei wddf efo'r menig rwber gwlyb.

'Nadolig Llawen, Carol,' atebodd yntau, wedi iddo neidio'n ddigon pell o'i gafael. 'Mi gymera i ddysglaid o Gorn Flakes ar y stôl yn y gornel, diolch, Mam. Pwy sydd yn y bàth?'

'Sandra.'

'Mi fydd raid iddi wylio rhag ofn iddi fynd i lawr y plwg efo'r dŵr,' cellweiriodd Kevin. 'Dydi hi'n llythrennol ddim hanner yr eneth oedd hi.'

'Mae hi'n edrych yn ffantastig, 'tydi?' byrlymodd Carol.

'Dwyt ti ddim yn meddwl ei bod hi'n rhy denau?' gofynnodd yntau.

'Wedi bod yn sâl mae hi,' meddai Mam, cyn i Carol fedru ateb. 'Buan iawn mae dyn yn teneuo efo'r hen fýgs 'ma, wsti.'

'Mae hi'n lân iawn, beth bynnag,' meddai Carol. 'Dyma'i hail fâth hi ers iddi gyrraedd adre.'

'Efallai mai dyna ydi ei ffordd hi o golli pwysau,' cynigiodd Kevin, 'jyst gorwedd yn y dŵr am oriau a socian y cnawd i ffwrdd oddi ar yr esgyrn.'

'Kevin!' dwrdiodd Mam, gan hanner chwerthin ar ei gwaethaf wrth iddi osod dysgl a llwy a bwyd ar gyfer ei mab.

Dechreuodd Kevin fwyta'i frecwast. Cyn bo hir, meddyliodd, fe fyddai pawb yn ymgynnull yn yr ystafell nesaf ac yn bwyta a bwyta nes eu bod yn methu â chwythu. Y twrci a'r stwffin, y pwdin a'r saws gwyn, y cnau a'r gwin melys y mynnai Mam ei brynu bob tro. Ac yna, ar ôl yr holl baratoi, roedd yr holl beth drosodd ymhen yr awr a doedd dim i'w wneud ond eistedd o flaen y teledu tan amser gwely.

Digon difyr, wrth gwrs, ond oedd o'n werth teithio dau gant o filltiroedd ar ei gyfer, gan adael eich cariad yn unig a digysur? Roedd Kevin wedi brysio at ei fam gan ddisgwyl y byddai arni hi ei angen yn fwy nag erioed o'r blaen. Ond rŵan, doedd o ddim mor siŵr. Wedi'r cwbl, roedd gan Mam y genethod ac Owain a Guto'n gwmni'r Nadolig hwn. Doedd gan Chris neb.

Ymddangosodd tafell o dôst chwilboeth o rywle a thaenodd Kevin fenyn Eifion drosto'n dew, gan ddychmygu'r un pryd beth fyddai gan Chris i'w ddweud am y colesterol. Fe hoffai fynd i'w ffonio rŵan, ond gallai glywed Emyr a'r bechgyn yn chwarae gêm swnllyd yn y parlwr lle'r oedd y ffôn.

O'r fan lle'r eisteddai Kevin yn y gornel, gallai weld beth

oedd yn digwydd yn yr ystafell fwyta drwy'r drysau bach yn y wal. Ac yr oedd hi'n amlwg fod seremoni gosod y bwrdd ar fin cychwyn. Yn gyntaf, estynnodd Mam y lliain bwrdd gwyn gorau o'r ddrôr gyda dyledus barch a thaenodd ef dros y bwrdd mawr. Yna, rhoddodd Carol y lliain bach coch ar ffurf diemwnt drosto. Yn nesaf, gosododd Mam addurn wedi ei wneud o gelyn a phaent lliw aur yn union ar ganol y bwrdd ac o bobtu i hwnnw rhoddwyd y canwyllbrennau arian, bob un yn dal tair cannwyll goch newydd sbon, fel ar bob dydd Nadolig. Tybed i ble yr âi'r canhwyllau wedyn?

Camodd Carol oddi wrth y bwrdd i asesu ei gwaith hyd yma, a thaflodd olwg ar Kevin drwy'r twll yn y wal fel petai hi'n gofyn ei farn. Amneidiodd yntau i gadarnhau fod y canwyllbrennau a'r addurn celyn yn eu priod le. Gwyddai y byddai'r byd ar ben petai'n mynegi ei farn yn onest, sef fod y canwyllbrennau'n llawer rhy uchel ar gyfer maint y bwrdd a bod yr hen beth celyn yna'n edrych yn afiach.

Roedd y rhan nesaf o'r perfformiad ychydig fel bale. Aeth Mam o amgylch y bwrdd yn gyntaf efo'r matiau corcyn gorau, yna Carol efo'r ffyrc, Mam efo'r cyllyll, Carol efo'r llwyau pwdin, ac yn y blaen, heb i'r un o'r ddwy edrych ar y llall nac yngan gair ac eto heb i'r un ohonynt fynd dan draed y llall, chwaith.

Torrodd llais Owain ar draws mwynhad Kevin o'r ddawns.

'Ydach chi'n barod i chwarae efo ni rŵan, Yncl Kevin?' gofynnodd. ''Dan ni 'di cael *Hungry Hippos* gan Siôn Corn ac mae isio pedwar i chwarae.'

'Jyst iawn â darfod fy mrecwast,' meddai Kevin.

'Paid â swnian,' meddai llais Carol o'r ystafell nesaf. Roedd hi newydd ddychwelyd i'r ystafell fwyta efo llond hambwrdd o'r gwydrau gorau o'r cwpwrdd cornel yn y parlwr.

'Dos i weld ydi Anti Sandra'n dal i fod yn y bàthrwm,' meddai Kevin wrth Owain. 'Mae 'na rai ohonon ni eisiau mynd i'r lle chwech.'

I ffwrdd â'r bachgen bach yn llawn pwysigrwydd, ac roedd Kevin ar fin codi gwrychyn Carol trwy wneud jôc ddi-chwaeth am fynd allan i ddyfrio'r grug pan stopiodd hi'n stond o flaen y bwrdd a gwydryn yn ei llaw.

'Rydach chi wedi gosod un lle'n ormod, Mam,' meddai. 'Mi wnes i estyn un gwydryn bob un i ni—heblaw i'r bechgyn, wrth gwrs—ac eto mi rydw i un yn fyr.'

'O, sori, Carol,' meddai Mam, oedd yn gwrido braidd yn y gwres o'r popty. 'Yng nghanol yr holl brysurdeb yma, mi anghofiais i ddweud fod Tecwyn drws nesa'n dod aton ni i gael cinio.'

'O, Mam ...!' dechreuodd Carol, wedi ei chythruddo'n fawr.

'Wedi'r cwbl,' rhuthrodd Olwen yn ei blaen, 'mae o wedi bod yn garedig iawn a does ganddo fo neb yn gwmni dros y Nadolig, a ninnau ond lled cae i ffwrdd efo mwy na digon o fwyd. Dwyt ti ddim wedi cyfarfod Mr Hughes, yn naddo, Kevin? Gŵr gweddw ydi o, wsti, newydd golli ei wraig efo canser. Mae o'n byw yn y Tyddyn Isa' ers rhai misoedd rŵan ac yn barod iawn ei gymwynas—fo ddaeth ag Emyr o'r stesion echdoe ac mae o am fynd â fi fory i'r cartref henoed i weld 'rhen Anti Kate. Roeddwn i'n meddwl mai'r peth lleiaf fedren ni ei wneud i ddiolch iddo am ei holl gymorth oedd ei wahodd o yma i rannu ein cinio 'Dolig efo ni.'

'Ond, Mam!' protestiodd Carol, 'fydd hynny ddim yr un fath!'

'Fydd hi ddim yr un fath ag arfer, p'run bynnag,' meddai Kevin, ar ei waethaf. Doedd dim rhaid iddo ychwanegu: 'Ddim heb Dad.'

'Fydd Anti Sandra ddim yn hir,' daeth llais Owain ar draws y distawrwydd annifyr. 'Ddowch chi i chwarae rŵan, Yncl Kevin?'

Pharhaodd y gêm ddim yn hir. Roedd Guto'n rhy ifanc ar gyfer *Hungry Hippos* ac yn tueddu i wneud smonach o bethau. Yn fuan wedyn, blinodd y bechgyn ar chwarae Snap hefyd ac aethant am y gegin i chwilio am ddanteithion. Roedd hynny'n gadael Emyr a Kevin eu hunain yn y parlwr, ac yn syth bin fe deimlodd Kevin ei frawd-yng-nghyfraith yn anesmwytho. Y sai Kevin am gael ffonio ond doedd o ddim am gynnal sgwrs bersonol efo Chris tra oedd Emyr yn yr ystafell. A dweud y gwir, roedd yna glustiau ym mhob man yn y tŷ yma.

Cafodd Kevin syniad gwych:

'Fuaset ti'n hoffi dod am hanner bach sydyn i lawr yn y *Crown*?' gofynnodd.

Roedd Emyr yn amlwg yn hoff o'r syniad o gael diod o gwrw ond yn ansicr iawn am rywbeth.

'Na, na, well imi beidio. Mi ddyliwn i gadw'r hogia' o dan draed y merched 'ma.'

Ond roedd y *Crown* yn ymddangos yn ddeniadol iawn i Kevin. Yno, byddai ffôn cyhoeddus a lle chwech a chyfle i ymlacio tipyn. Os na ddeuai Emyr, byddai Sandra'n siŵr o ddod, neu Lynda. Ble'r oedd Lynda? Erbyn meddwl, doedd o ddim wedi ei gweld hi'r bore yma.

'Nadolig Llawen,' meddai Sandra, a safai yn nrws y parlwr yn edrych fel model yn ei chrys sidan a'i cholur celfydd.

'Nadolig Llawen!' atebodd Kevin ac Emyr.

'Esgusoda fi, mae'n rhaid imi fynd i'r lle chwech,' ychwanegodd Kevin, gan daro sws frysiog ar foch ei chwaer wrth frysio heibio iddi.

Ond roedd o'n rhy hwyr. Roedd Lynda yno o'i flaen, a sŵn dŵr mawr unwaith eto i'w glywed drwy'r drws. Dyfrio'r grug amdani, felly. Roedd ei sefyllfa bellach yn argyfyngus. Cychwynnodd Kevin am ei lofft i wisgo amdano, ond rhwystrwyd ef gan gorws o leisiau benywaidd yn galw ei enw.

'Tyrd yma i gael agor dy anrhegion,' ychwanegodd llais Mam. 'Mae pawb arall wedi cael eu rhai nhw wrth y bwrdd brecwast.'

Derbyniodd Kevin ei ffawd. Piciodd i fyny i'r llofft i nôl y bag cludo lliwgar oedd wrth ei wely a dychwelodd ar ei union i'r parlwr. Eisteddent yno, fel cynulleidfa fechan yn disgwyl cael eu

63

diddanu. Bron na ddaeth deigryn i'w lygad wrth eu gweld. Dyma nhw i gyd—heblaw Lynda—wedi ymgasglu ynghyd i roi eu hanrhegion iddo, bob un yn gwenu'n ddisgwylgar ac yn edrych ymlaen at weld ei ymateb i gynnwys eu parsel arbennig nhw. Ei deulu. Roedd Dad wedi mynd, ond roedden nhw'n dal i fod yn deulu. Fe ddylai fod wedi dod â'i gariad efo fo i rannu'r cynhesrwydd hwn, i brofi nad oedd pob teulu yn yr hen fyd 'ma mor galon-galed â'r un hwnnw ym Mryste oedd wedi esgymuno Chris mor ddidostur.

'Wyt ti wedi gweld Lynda?' gofynnodd Carol ar draws ei feddyliau.

'Mae hi wrthi'n rhedeg bàth,' atebodd Kevin, yn ddigon surbwch.

'Wyt ti'n siŵr?' gofynnodd ei fam. 'Roedd hi wedi gwisgo ac wedi rhoi'r holl golur 'na cyn brecwast.'

'Wel, mae 'na *rywun* yn cael bàth, Mam, a chan fod pawb arall yn fan hyn, mae'n rhaid mai Lynda sydd yna! Dydw i ddim rhy blês efo hi, a finnau bron â marw eisiau mynd i'r lle chwech er pan godais i.'

'Dwi wedi dweud wrthych chi ers blynyddoedd fod angen dau doilet yn y tŷ 'ma, Mam,' meddai Carol yn syth. 'Fe fyddai hi'n ddigon hawdd rhoi un lle mae'r hen fwtri wrth y drws cefn. Ac mi fyddai'n ychwanegu at werth y tŷ, wyddoch chi.'

'Ond dydw i ddim angen ail doilet pan fydda i yma fy hun,' protestiodd Mam dan chwerthin.

'Ta waeth am hynny,' meddai Carol yn awdurdodol, 'mae'n well inni fwrw iddi neu mi fydd cinio'n hwyr. Mae anrheg Lynda yma iti, beth bynnag. Ei bai hi os na fydd hi yma i'w rhoi hi iti ei hun. Rŵan 'te, Guto, beth am i ti estyn yr anrheg gyntaf i Yncl Kevin. Na, nid honna—mae hi'n rhy drwm iti. Dos â'r un goch yna. Dyna ti.'

Cerddodd Guto at ei ewythr yn dwyn anrheg oedd yn amlwg yn cynnwys crys mewn bocs. Derbyniodd Kevin ef a throdd ef drosodd iddo gael darllen y cerdyn bach.

'Oddi wrth Lynda mae o,' meddai Carol yn ddiamynedd, ond mynnodd Kevin ei ddarllen yr un fath.

'Efallai y dyliwn ei gadw o nes daw Lynda ...' dechreuodd.

'Twt lol, Kevin, agor o,' meddai ei chwaer hynaf wedyn. 'Roedd hi'n gwybod ein bod ni am agor d'anrhegion di y munud roedden ni wedi gorffen paratoi'r llysiau.'

Agorodd Kevin y papur lapio i ganfod crys denim hardd oedd yn rhy fach iddo. O, wel, mi wnâi'r tro i Chris.

'Anrheg arall i Yncl Kevin, rŵan, Owain,' gorchmynnodd Carol, gan edrych ar y cloc.

Ystyriodd Kevin oedi dros bob anrheg er mwyn gwylltio Carol, ond penderfynodd nad oedd hynny'n syniad da ac yntau bron â ffrwydro eisiau mynd i'r lle chwech. Cwblhaodd ei dasg felly mor fuan ag y gallai. Roedd yna lyfr hyfryd ar Cézanne oddi wrth Sandra, siwmper wlân fendigedig oddi wrth Mam, pâr o sanau a bocs o hancesi oddi wrth Owain a Guto a set o recordiau mewn bocs oddi wrth Carol ac Emyr. Diolchodd Kevin i bob un o'i chwiorydd a'i fam trwy roi cusan fechan iddynt. Wnaeth o ddim ond amneidio a gwenu ar Emyr, ond edrychai hwnnw'r un mor anniddig â phe bai o'n disgwyl i'w frawd-yng-nghyfraith geisio rhoi sws iddo yntau.

Estynnodd Kevin y bag cludo a dosbarthodd yr anrhegion oedd ynddo, bob un wedi ei lapio'n gelfydd ac yn hynod ddeniadol gan Chris, oedd yn glyfar am wneud pethau felly. Fel ei chwaer, defnyddiodd Kevin y ddau fachgen bach i basio'r anrhegion, sef fideo o gêmau rygbi cofiadwy i Emyr a sgarffiau sidan godidog i Mam a'r genethod, bob un ohonynt wedi eu hargraffu'n unigol gan Kevin ei hun ar gyfarpar arbennig oedd ar gael iddo yn y coleg. Roedd y tair wedi eu plesio'n arw, yn enwedig Mam. Gosododd Kevin sgarff Lynda yn ei bapur ar ganol y bwrdd coffi iddi ei gael pan ddeuai hi o'r bàth. Byddai hynny'n fuan iawn rŵan, gobeithio.

'Wel, dyna ni,' meddai Kevin wedyn, gan esgus codi o'i sedd.

Roedd ymateb y bechgyn bach yn werth ei weld. Edrychodd y ddau ar y bag cludo wrth draed eu hewythr, yna ar ei gilydd, ar eu mam, ac yna'n ôl ar y bag plastig cyn troi dau bâr o lygaid siomedig i fyny at Kevin.

'Be sydd?' gofynnodd hwnnw. 'Oes 'na rywbeth o'i le, fechgyn ?'

Llyncodd Guto, ac amneidiodd.

'Oes 'na ddim byd i ni, Yncl Kevin?' gofynnodd Owain yn dorcalonnus.

'Wel,' atebodd Kevin, gan arwain y ddau i gyfeiriad y bag, 'dwi'n meddwl os gwnewch chi roi eich dwylo i lawr i waelod hwnna, efallai y dewch chi o hyd i rywbeth *bach* bob un.'

Prin yr oedd o wedi gorffen y frawddeg cyn i'r ddau fwrw i berfedd y bag fel dwy hen wraig mewn ffair sborion. Trodd eu pryder yn llawenydd wrth iddynt ddarganfod y ddwy anrheg oedd yno, y ddwy'n union yr un siâp ac wedi eu lapio mewn papur melyn. Llwyddodd Owain i dynnu peth o'r papur ei hun, a helpodd Kevin ef i dynnu'r gweddill. Aeth Guto â'i anrheg ef yn syth at ei fam i'w dad-lapio.

Syllodd Kevin ar y ddau'n ddisgwylgar, yn siŵr y byddent wrth eu boddau, ac yn mwynhau rhannu eu hapusrwydd. Trueni nad oedd Chris, a fu'n helpu i ddewis yr anrhegion, yma hefyd i rannu'r funud hon.

'W!' gwaeddodd Owain. 'Ylwch, Mam, Mickey Mouse!'

'Weli di'r cylch bach 'na ar ei gefn o?' gofynnodd Kevin. 'Fedri di ei dynnu o allan?'

Tynnodd Owain y cylch a'r llinyn allan a dechreuodd y tegan Mickey Mouse symud ei draed.

'Rho fo i sefyll!' awgrymodd Kevin.

'Mae o'n cerdded!' gwaeddodd Owain, ei lygaid fel soseri. 'Ylwch, Mam, mae o'n *cerdded.*'

Erbyn hyn, roedd Carol wedi llwyddo i agor anrheg Guto, sef Donald Duck oedd yn cerdded fel Mickey Mouse Owain. Ceisiodd roi hwnnw ar lawr er mwyn i Guto fedru ei weld yn mynd trwy ei bethau, ond roedd y creadur bach wedi cynhyrfu gymaint fel na wnâi o ond ei godi i fyny bob gafael.

'Beth ydach chi'n ei ddweud wrth Yncl Kevin, fechgyn?' gofynnodd Carol.

'Diolch yn fawr, Yncl Kevin,' meddai Owain, heb dynnu ei lygaid oddi ar ei drysor newydd.

'Diolch,' meddai Guto, gan gerdded at ei ewyrth a rhoi clamp o sws fawr, wlyb iddo.

'Diolch o galon iti, Kevin,' ychwanegodd Carol, efo deigryn mawr ym mhob llygad. 'Maen nhw'n . . .'

Daeth cnoc ar y drws cefn.

'Rargian fawr,' meddai Mam mewn braw, 'mae Tecwyn yma! Kevin bach, brysia i'r llofft i wisgo. Wn i ddim beth ddywedai Mr Hughes petai o'n dy weld di yma yn dy byjamas ymhell wedi hanner dydd.'

Prin yr oedd Kevin hanner y ffordd i fyny'r rhes gyntaf o risiau pan glywyd sŵn traed Tecwyn Hughes ar lawr y gegin, a llais Mam yn ei gyfarch. Oedodd Kevin mewn gobaith wrth ddrws yr ystafell ymolchi ond parhâi hwnnw i fod ynghlo. Dyfrio'r grug amdani, felly.

9

Wrth gwrs, fel yr oedd Kevin yn dychwelyd i'r tŷ ac yn mynd heibio gwaelod y grisiau, fe glywodd sŵn drws yr ystafell ymolchi yn cael ei agor. O wel, roedd o angen 'molchi ac eillio a brwsio'i ddannedd, beth bynnag.

Ni fu'n hir yn gwneud y gorchwylion hynny nac ychwaith yn ei lofft wedyn yn gwisgo amdano a chribo'i wallt, ond erbyn iddo ddod yn ôl i lawr y grisiau—efo'i gwpan a'i blât yn fachgen da—roedd hi'n hanner awr wedi hanner dydd. Dim gobaith picio i'r dafarn cyn cinio rŵan; roedd cinio Nadolig yn Nhyddyn Ucha'n cael ei fwyta'n brydlon am un o'r gloch. A

dim gobaith cael sgwrs breifat ar y ffôn chwaith a'r teulu i gyd
a'r dyn drws nesaf wedi ymgynnull yn y parlwr.

Ond doedden nhw ddim yno i gyd. Roedd Carol wrth y sinc
ac fe dderbyniodd hi gwpan a phlât Kevin fel manna o'r nef, yn
amlwg yn falch o gael esgus pellach i lechu yn y gegin. A phan
acth o i'r parlwr gwelodd Kevin nad oedd Lynda byth wedi dod
i'r fei. Roedd y lleill yno i gyd, fodd bynnag, a'r cymydog
newydd yr oedd Carol wedi magu cymaint o ddicter tuag ato
mewn byr amser. Edrychai'n ddyn reit gyffredin er bod ei siwt
dywyll a'i dei yn edrych braidd yn ffurfiol ar gyfer cinio teuluol.

'A dyma fo Kevin!' meddai Mam yr eiliad y dangosodd o'i
big heibio'r drws. 'Dyna chi wedi eu cyfarfod nhw i gyd rŵan,
Tecwyn. Rwyt ti wedi 'nghlywed i'n sôn am Mr Hughes, on'
do, Kevin?'

'Do, wir,' cytunodd, gan gamu ymlaen i ganol yr ystafell i
gymryd llaw estynedig Tecwyn Hughes i'w hysgwyd. 'Mae'n
dda gen i'ch cyfarfod chi, Mr Hughes.'

'Rydw i wedi clywed llawer iawn amdanoch chi, Kevin,'
dechreuodd y cymydog. 'Ac wedi gweld eich gwaith chi ar y
waliau, wrth gwrs. Rydw i'n arbennig o hoff o hwnna sydd
wrth y drws ffrynt efo'r creigiau a'r gwylanod, ond mae gen i
hoffter mawr at lan y môr, felly mae hynny'n naturiol. Ac am
fynd yn artist ydach chi?'

'Wel, ie, yn y pen draw, ond mae'n siŵr y bydd raid imi
ennill fy nhamaid a pheintio yn fy oriau hamdden nes imi wneud
enw i mi fy hun, os gwna i byth. Byd digon anwadal ydi byd
celfyddyd.'

'Dwi'n siŵr. Wyddoch chi be, Kevin? Chi ydi'r artist cynta
imi ei gyfarfod erioed, ac mi rydw i wedi bod o gwmpas yr hen
fyd 'ma gryn dipyn yn fy nydd. Mi fûm i yn y llynges am ddeng
mlynedd yn ddyn ifanc ac mi gefais i weld y byd a phobl o bob
math dan haul, ond dim un artist, cofiwch. Mae'n siŵr eich bod
chi'n gweld tipyn o artistiaid tua Paris 'cw, Sandra.'

'Wel, na ...' dechreuodd Sandra, wedi ei dychryn braidd gan

y sylw annisgwyl. 'Dim ond myfyrwyr a staff y Brifysgol ydw i'n eu nabod a dweud y gwir.'

'Ar y Left Bank mae'r rheini'n byw, siŵr i chi. Mi fûm i ym Mharis droeon yn y pumdegau, wyddoch chi. Ew, dwi'n cofio aros yn y Latin Quarter unwaith tua phum deg wyth neu naw. Adeg y tacla Bohemians yna efo'u jazz a'u dillad duon ac ati. Wel, mi roeddwn i a mêt imi, hogyn o Ben Llŷn o'r enw Maldwyn, yn aros yn yr hen le 'ma ...'

Roedd hi'n amlwg am fod yn stori hir a chymhleth. Edrychodd Kevin o'i gwmpas am rywle i eistedd. Doedd o ddim am wthio heibio'r storïwr, felly eisteddodd yn y lle gwag ar y soffa lle bu Carol yn eistedd. Go brin y byddai hi eisiau ei sedd yn ôl cyn cinio.

Eisteddodd Kevin felly wrth ochr Emyr, ei lygaid ar y ffôn a sŵn llais Tecwyn Hughes yn fwmian pell yn ei glustiau. Yna, teimlodd Emyr, bron yn ddiarwybod iddo'i hun, yn anesmwytho ac yn symud rai modfeddi ymhellach oddi wrtho, er nad oedd angen iddo wneud hynny a hithau'n soffa oedd yn hen ddigon mawr i dri.

Roedd Emyr yn gwybod. Doedd dim amheuaeth ym meddwl Kevin. Mae'n rhaid felly fod y newid a fu ynddo'n fwy amlwg nag yr oedd o wedi sylweddoli. Wedi'r cwbl, roedd Emyr yn ei adnabod er dyddiau ysgol, wedi mynd ag o droeon i wylio gemau rygbi ac i weld y ffilmiau James Bond, Superman ac ati nad oedd gan Carol awydd eu gweld. A rŵan, fedrai Emyr ddim dioddef eistedd ar yr un soffa ag o.

Flwyddyn yn ôl, buasai Kevin wedi poeni'n arw o feddwl fod Emyr yn amau fod y gyfrinach a ddiogelodd gyhyd ar fin cael ei datguddio. Ond erbyn hyn, roedd Kevin wedi dysgu dygymod efo fo'i hun a'r hyn ydoedd ac roedd o'n derbyn fod yn rhaid i'w deulu wneud yr un fath. Yn wir, ar ôl trafod yr holl beth efo Chris, roedd o wedi addo y byddai'n dweud wrth ei fam a'i chwiorydd y Nadolig yma, ac roedd o wedi bod yn ymarfer y geiriau mwyaf addas yn ei ben droeon yn ystod yr wythnosau diwethaf.

Ond os oedd Emyr eisoes yn amau, byddai'n siŵr o ddweud rhywbeth wrth Carol. Efallai ei fod wedi sôn wrthi'n barod a'i bod hi a gweddill y teulu'n hanner disgwyl ei ddatganiad. Yn sicr, fe fyddai hi gymaint yn haws rŵan gyfaddef wrth ei fam a'r genethod ei fod yn hoyw, yn llawer llai o hunllef nag y bu'n dychmygu gynt.

Wrth gwrs, yr oedd Dad o gwmpas bryd hynny a gwyddai Kevin, ar waethaf popeth a ddywedai Chris a'i gyfeillion hoyw eraill, mai anodd iawn fuasai iddo sefyll o flaen ei dad a dweud wrtho ei fod yn byw ac yn caru efo dyn arall.

Ond rŵan, teimlai Kevin yn ddigon hyderus i wynebu ei fam a'i chwiorydd yn syth bin a setlo'r cwbl. Roedd o'n ffyddiog na fyddai ei deulu ef yn ymateb yn ymosodol fel teulu Chris ac yn ei esgymuno, er y bydden nhw'n siŵr o fod wedi synnu am dipyn, mae'n debyg. Roedd o'n lled ffyddiog hefyd y byddent yn dod i dderbyn Chris, fel yr oedden nhw wedi derbyn Emyr, yn aelod o'r teulu, fel y gallai o ddod yma i Dyddyn Ucha' i dreulio'r Nadolig efo nhw'r flwyddyn nesaf yn lle bod ei hun bach yn y fflat yn Battersea.

Petai Tecwyn Hughes heb fod yma'n dal i baldaruo am y morwr diniwed ym Mharis, fe fyddai Kevin yn dweud ei bwt y funud yma, ond doedd dim modd trafod mater personol efo dieithryn yn eu plith, felly rhoddodd Kevin ei ddatganiad paratoëdig yn ôl yng nghefn ei feddwl a cheisiodd ganolbwyntio ar y stori. Roedd Mr Hughes yn nesu at y terfyn, gallech ddweud wrth y cynnwrf a'r chwerthin yn ei lais, a'r ffordd yr oedd pawb yn syllu arno'n ddisgwylgar.

'A phwy ddaeth i mewn yr eiliad hwnnw ond y perchennog!' gwaeddodd Tecwyn Hughes, a chwarddodd pawb. 'Wrth gwrs, welodd o mohoni am dipyn, oherwydd roedd y drws y tu ôl iddo fo, ond mi welsom ni hi ac mi aeth hi'n ddistaw. Dyna pryd wnaeth o sylweddoli. Wel, sôn am chwerthin . . .'

'Mae'n ddrwg gen i dorri ar eich traws chi,' meddai Olwen, wedi iddi hi fel y lleill wneud ei siâr o chwerthin cwrtais. 'Well imi fynd i weld ble mae Carol efo'r sieri, neu mi fydd bwyd yn barod cyn inni ei yfed o.'

Beth bynnag ddywedodd ei mam wrthi, roedd Carol yn y parlwr ymhen dau funud efo llond hambwrdd o wydrau a photeli.

'Sych ynte melys, Mr Hughes?' gofynnodd yn wên i gyd.

'Melys, os gwelwch yn dda, Carol,' meddai hwnnw, ac ar-llwysodd Carol lond gwydryn o'r hylif brown iddo.

'Melys i ti hefyd, ie, Emyr? Ac wedyn sych i bawb arall. Mae Mam yn yfed ei sieri hi yn y gegin tra bydd hi'n cymysgu'r grefi ac ati. Dydi Lynda erioed yn dal i fod yn y bathrwm?'

'Nac ydi,' atebodd Kevin. 'Mae hi yn ei llofft, dwi'n meddwl.'

'Mae'n siŵr fod y gwallt 'na'n cymryd dipyn o amser i'w roi yn ei le, felly wna i ddim arllwys sieri iddi,' meddai Carol, gan ei gwasgu ei hun i eistedd ar y soffa rhwng ei brawd a'i gŵr. 'Toes golwg arni hi, deudwch. Wnaeth Emyr mo'i nabod hi neithiwr pan aeth o i lawr i'r dre i'w nôl hi, yn naddo, cariad?'

'Naddo. Ddim am funud. Ond wrth gwrs, mi wnaeth hi fy nabod i'n syth a dŵad ata i, ac wedyn mi wnes i sylweddoli mai Lynda oedd o dan yr holl wallt 'na.'

'Mae gan bob oes ei mympwy, wyddoch chi,' oedd sylw Tecwyn Hughes. 'Mi rydw i'n ddigon hen i gofio'r Tedi bois a'r Flower Power a nifer o bethau eraill hefyd. Ond pasio mae'r petha' 'ma i gyd, peidied neb â chymeryd gormod o sylw ohonyn nhw.'

Doedd gan neb ateb i'r ystrydeb hon, ond doedd neb eisiau iddo ddechrau un arall o'i straeon a bu distawrwydd anesmwyth wrth i bawb wylio Carol yn arllwys diod o lemonêd i'r bechgyn, bob un yn chwilio cilfachau'i feddwl yr un pryd am rywbeth i'w ddweud. Ond roedden nhw i gyd yn rhy hwyr.

'Wyddoch chi, dwi'n cofio pan oedd fy hogyn i fy hun yn ifanc fel y rhain. Mae hynny'n union fel ddoe, ac eto mae o'n ddyn erbyn hyn, tua Lerpwl 'cw, ac wedi dechra teulu 'i hun. Plisman ydi o, wyddoch chi, wedi'i neud yn sarjant ers tua blwyddyn bellach, ac mae ganddo fo'r babi bach dela welsoch chi 'rioed. Mathew ydi'i enw fo ac mae o bron yn flwydd oed. Roedd David, y mab, isio'i alw fo'n Emlyn ac wedyn mi fyddai o wedi bod yn Emlyn Hughes yr un fath â'r peldroediwr, ond doedd Melanie, ei wraig o, ddim yn hoff o'r enw.'

'Ydyn nhw am ddod draw i'ch gweld chi dros y gwyliau?' holodd Carol, oedd yn amlwg wedi penderfynu mai'r ffordd orau i ddelio efo'r cymydog siaradus oedd llywio cyfeiriad y sgwrs ei hun.

'Na, mae Melanie'n teimlo fod y siwrnai'n rhy hir i Mathew bach,' atebodd, 'ond mi rydw i wedi bod yno echdoe efo'r anrhegion ac mi ffoniais i'r bore 'ma i ddweud "Nadolig Llawen!" '

'Mae hi'n biti garw eu bod nhw mor bell i ffwrdd,' meddai Carol wedyn. 'Mae plant yn altro mor sydyn. Mi fyddwn ni'n difaru'n aml nad ydan ni'n byw'n nes at Mam iddi hi gael mwynhau gweld y bechgyn yn tyfu. Ond anodd ydi cael gwaith yma, yntê Emyr?'

'Ie, wir,' cytunodd ei gŵr ffyddlon. 'Rydw i wedi bod yn chwilio am swydd yma yng ngogledd Cymru ers pum mlynedd bellach, heb fath o lwc.'

'Ond mi rydan ni'n symud i Gaerdydd cyn bo hir,' torrodd Carol ar ei draws. 'Ac wedyn mi fyddwn ni mewn lle gwell i chwilio am swyddi yma yn y gogledd. Rydan ni'n siŵr o gael symud yn agosach at Mam cyn bo hir.'

'Dwi ddim yn siŵr ei bod hi'n syniad da i bobl ifainc fel chi drefnu eich bywydau i siwtio pobl hŷn fel eich mam a finnau. Rydan ni hen bethau wedi cael ein cyfle ni—eich amser chi ydi hi rŵan. Dwi'n siŵr, Emyr, petaech chi'n cael swydd yma'n y Gogledd y byddai'ch cyflog chi'n llai …'

'Ond mi fyddai costau byw, ac yn enwedig prisiau tai yn llai hefyd,' meddai Carol ar ei draws eto, ond ei hanwybyddu hi a pharhau i siarad efo Emyr a wnaeth Tecwyn Hughes.

'Ac mi fuasai unrhyw swydd rownd ffordd hyn yn un heb fawr o obaith ichi gael dyrchafiad ynddi hi.'

'Efallai,' cytunodd Emyr.

'Wel, cymrwch chi 'nghyngor i, 'machgen i, a pheidiwch â chymryd swydd heb iddi ddyfodol, yn unig er mwyn plesio'ch gwraig a'ch teulu. Wedi'r cwbl, eich swydd chi ydi'ch bywoliaeth chi, yntê, ac os nad ydach chi'n ddedwydd yn eich gwaith, fyddwch chi ddim yn ddedwydd yn eich bywyd, credwch chi fi.'

Nid atebodd Emyr, ond edrychodd ar Carol, hithau'n dangos arwyddion eglur i bawb o'i theulu ei bod hi ar fin rhoi arddangosfa o'i thymer enwog i Mr Hughes o'r Tyddyn Isa'. Roedd ei llygaid bach brown yn pefrio a'i ffroenau'n agored fel rhai march gwyllt. Ac yntau'n eistedd mor agos ati, teimlodd Kevin hi'n cymryd gwynt dwfn yn barod i fwrw ei llach ar gymydog newydd Mam.

'Rydych chi wedi ymddeol o'ch swydd chi, rydw i'n deall, Mr Hughes?' meddai Kevin, gan faglu dros ei eiriau braidd yn ei ymdrech i newid y pwnc ac osgoi cyflafan gymdeithasol ar Ŵyl Ewyllys Da.

'Ydw. Ymddeoliad cynnar, yntê. Er dydw i ddim yn ei weld o fel ymddeoliad terfynol, dim ond rhyw hoe fach cyn mynd ymlaen i gyfeiriad gwahanol. Mae gen i syniad neu ddau am bethau dwi isio'u gneud cyn 'mod i'n rhy hen.'

'O, pa fath o bethau?' gofynnodd Sandra, honno hefyd wedi ei deffro o'i distawrwydd arferol gan yr awyrgylch annifyr oedd yn yr ystafell, awyrgylch oedd wedi effeithio ar bawb ond Tecwyn Hughes. Fel Kevin o'i blaen, at Mr Hughes y cyfeiriai Sandra ei chwestiwn ond ar ei chwaer hynaf yr oedd hi'n edrych wrth iddi ei ofyn.

'Rydw i am gadw fy nghynlluniau'n gyfrinachol ar hyn o bryd,' atebodd y cymydog, gan siglo'i fys ar Sandra'n gellweirus. 'Rhag ofn na fydda i'n llwyddo ynddyn nhw, yntê? Mae pob dyn call yn gwybod sut i gadw ei gyngor ei hun, on'd ydi, Emyr? Does dim isio deud pob dim wrth y merched 'ma, nac oes?'

Emyr druan! Wyddai o ddim beth i'w ddweud na phle i edrych. Ar un ochr iddo roedd Tecwyn Hughes, yn gwenu uwchben ei glyfrwch ei hun ac yn disgwyl ateb cadarnhaol, ac ar y llall roedd ei wraig yn rhythu arno fel petai hi am ei larpio petai o'n meiddio cytuno efo'r dyn. Gwnaeth Emyr sŵn bach digrif yn ei wddf ac ymbalfalodd am eiriau.

Daeth ei fam-yng-nghyfraith i'w achub y funud honno trwy ddweud fod bwyd ar y bwrdd. A chwarae teg i Mam, mi ddarllenodd hi'r arwyddion i'r dim gan achub y sefyllfa ar unwaith drwy anfon Carol i fyny'r grisiau i chwilio am Lynda cyn arwain Mr Hughes ac Emyr drwodd i'r ystafell fwyta. Clywodd Kevin a Sandra sŵn traed eu chwaer fawr yn taranu i fyny'r grisiau wrth iddynt loetran ymlaen yn y parlwr, Kevin yn gobeithio cael ei afael ar y ffôn a Sandra'n trio yfed ei sieri.

'Stryglio efo hwn'na wyt ti?' gofynnodd Kevin.

'Dwi ddim yn hoff iawn o sieri,' cyfaddefodd Sandra efo gwên fach wantan.

'Tyrd â fo i mi, 'te,' meddai Kevin, gan gymryd y gwydryn oddi arni. 'Mi yfa i unrhyw beth. Dos di yn dy flaen i gael dy ginio ac mi ddof i ar d'ôl di wedi imi yfed hwn.'

Grêt, meddai Kevin wrtho'i hun, yn reit falch fod ei ystryw wedi gweithio. Llowciodd y sieri ar ei ben a chymrodd gam i gyfeiriad y ffôn.

'Kevin!' galwodd llais Mam o'r ystafell fwyta. 'Tyrd i garfio'r twrci 'ma inni gael bwyta.'

Wrth gwrs. Ef oedd gŵr y tŷ rŵan. Fe fyddai Chris yn chwerthin yn braf am ben y jôc pan glywai'r hanes. A siŵr i chi, roedd lle wedi ei osod i Kevin ar ben y bwrdd a'r taclau cerfio yno ar ei gyfer o bobtu i'r twrci.

Bwriodd Kevin iddi ar ei union, gan oedi'n unig i dynnu cracyr efo Guto ac i roi gwên ar Carol pan ddychwelodd hi i'w plith, ei thymer wedi gostegu'n llwyr. Roedd Lynda ar ei ffordd, meddai'n siriol. Os felly, mae'n rhaid ei bod hi wedi teithio'n araf dros ben oherwydd doedd hi byth wedi ymddangos wedi i bawb estyn popeth i bawb ac i Kevin eistedd i lawr i

74

fwynhau ei ginio. Penderfynodd fwrw'r cwch i'r dŵr a gofyn i'w fam a gâi o ffonio i Lundain ar ôl cinio. Siawns na fyddai pawb yn gadael llonydd iddo yn y parlwr am dipyn wedyn.

'Cei siŵr, Kevin,' atebodd Mam, 'does dim rhaid iti ofyn. Pwy wyt ti am ffonio heddiw?'

'Chris.'

'Roeddwn i'n meddwl mai ym Mryste roedd ei deulu o'n byw,' meddai Mam. 'Wnaeth o ddim mynd adre atyn nhw?'

'Na, mae o wedi ffraeo efo nhw a chafodd o ddim croeso yno 'leni.'

Petai'r Tecwyn Hughes felltith yna heb fod yn eistedd wrth y bwrdd, fe fyddai Kevin wedi gorffen y frawddeg efo cyfeiriad byr at achos ffrae Chris efo'i deulu. A beth fyddai'n fwy naturiol nag i'w deulu yntau gasglu oddi wrth hynny fod Kevin, fu'n rhannu fflat efo Chris ers dros flwyddyn, yn hoyw hefyd? Ond efo'r dieithryn yna'n eistedd lathen oddi wrtho, ni allai Kevin yngan y geiriau fyddai'n ei ryddhau o'i dyndra unwaith ac am byth.

'Mi ddylet ti fod wedi dod â fo yma efo ti,' oedd ymateb Mam yn syth. 'Y creadur bach, yno ar ei ben ei hun dros y Nadolig. Wnest ti ddim meddwl cynnig iddo fo ddod yma? Rwyt ti'n gwybod fod yma groeso bob amser i'ch ffrindiau chi i gyd.'

'Wel, mi wnes i feddwl am y peth, ond roeddwn i'n credu y byddai'n well gennych chi imi beidio 'leni ...'

Edrychodd Kevin ar Tecwyn Hughes a thawodd. Roedd o wedi bod ar fin dweud nad oedd hi'n addas iddynt gael rhywun dieithr yn eu plith y Nadolig hwn.

Unwaith eto, darllenodd Olwen Le Grand y sefyllfa i'r dim.

'Chris ydi ffrind Kevin sy'n rhannu fflat efo fo yn Llundain,' esboniodd wrth Mr Hughes. 'Dydi o ddim yn y coleg efo Kevin, chwaith. Gweithio mewn llyfrgell neu siop lyfrau neu rywbeth mae o, yntê, Kevin? Wyt ti'n iawn, Sandra?'

Edrychodd pawb ar Sandra druan oedd wedi mynd yn afiach o wyn o dan ei cholur.

'Sori ... mae'n ddrwg gen i ...' meddai hi'n ddryslyd, ac yna roedd hi wedi codi oddi wrth y bwrdd ac yn ei heglu hi nerth ei thraed am y lle chwech, a'i dwylo dros ei cheg. Mi fu ond y dim iddi fwrw'n erbyn Lynda wrth fynd drwy'r drws.

10

26 Rhagfyr

Deffrôdd Lynda'n gynnar a hithau'n dal i fod yn dywyll fel bol buwch, a methodd yn lân ag ailafael yn ei chwsg. Disgwyliodd wedyn nes iddi glywed sŵn lleisiau o'r llofftydd eraill ac yna gwisgodd amdani'n frysiog ac aeth i lawr y grisiau ac i'r ystafell a elwid gan bawb erbyn hyn yn barlwr bach Lynda.

Ystafell fechan, sgwâr oedd hon, yr ochr draw i'r parlwr mawr, ystafell a fu unwaith yn stydi i Dad, ond dros y blynyddoedd roedd hi wedi datblygu i fod yn ystafell neilltuol iddi hi ymarfer ei cherddoriaeth ynddi. Yn y diwedd, symudodd Dad ei lyfrau a'i bapurau oddi yno i gyd a pharlwr bach Lynda fu'r lle byth wedyn.

Eisteddodd Lynda o flaen y piano, agorodd y caead a dechreuodd chwarae, nid y darnau prawf na'r darnau cyngerdd y byddai hi'n gorfod eu canu'n rheolaidd fel rhan o'i hyfforddiant, ond rhai o'r alawon gwerin a'r caneuon ysgafn a ddysgwyd iddi flynyddoedd yn ôl gan ei thad.

Roedd hi'n bleser cael canu'r piano o ddewis ac nid o raid. Ychydig iawn o gyfle roedd Lynda'n ei gael bellach i ganu er ei phleser ei hun. Doedd y piano yn y neuadd breswyl ddim wedi cael ei thiwnio ers blynyddoedd a barnu wrth ei sŵn a rywsut roedd hi'n ormod o drafferth mynd yn unswydd i'r ystafelloedd ymarfer er mwyn jyst canu'r piano'n ddibwrpas ac ymlacio. A beth bynnag, doedd hi ddim yn bosibl ymlacio yn yr hen ystafelloedd noeth, amhersonol hynny.

Ond yma, yn yr ystafell fach glyd hon a phethau ei theulu o'i chwmpas—injan wnïo Mam, jig-sôs a gêmau dirifedi—yma, fe

76

allai hi fwynhau eistedd o flaen yr offeryn a gadael i'w bysedd redeg yn ddihitio dros y nodau.

Roedd hi wedi ymgolli'n lân yn yr alawon atgofus pan ddaeth hi'n ymwybodol fod sŵn y lleisiau yn y gegin wedi newid o furmur sgwrsio amrywiol i sgrechiadau o lawenydd swnllyd. Ac wedyn dyma bawb yn dechrau canu *Pen blwydd Hapus* i Carol a dymuno'n dda iddi ar gyrraedd ei chwarter canrif. Rhewodd dwylo Lynda uwchben nodau'r piano wrth iddi sylweddoli ei bod hi wedi llwyr anghofio pen blwydd ei chwaer.

Sut y gallai hi fod wedi gwneud hynny, ni wyddai, gan fod pen blwydd Carol wedi bod yn achos dathlu mawr yn Nhyddyn Ucha' erioed. Gan eu bod yn ofni mai anfantais oedd cael ei phen blwydd y diwrnod ar ôl y Nadolig, fe sicrhâi Paul ac Olwen Le Grand bob amser fod te pen blwydd Carol lawn cymaint o ddathliad ysblennydd â'r cinio Nadolig. Pan oedd hi'n blentyn, byddai Lynda'n edrych ymlaen lawer mwy at y jeli a'r balŵns ar ben blwydd Carol nag at y twrci a'r pwdin y diwrnod cynt.

Ac eto, roedd hi wedi llwyr anghofio pen blwydd Carol eleni. Brysiodd i'r gegin i ymuno yn y busnes o gofleidio Carol a gwneud jôcs gwirion am ei hoedran mawr cyn eistedd i lawr i fwyta ei brecwast efo pawb arall. A thrwy'r adeg roedd ei meddwl yn prysur chwilio am ffordd i adfer y sefyllfa.

Trwy lwc, roedd hi'n rhan o draddodiad y teulu i beidio â rhoi anrhegion na chardiau Carol iddi yn y bore ond yn hytrach ddisgwyl tan amser ei pharti gyda'r nos. Siawns na ellid rywfodd ddatrys y broblem cyn hynny.

Meddyliodd Lynda am yr anrhegion Nadolig a gawsai hi ddoe. Fe fuasai amryw o'r rheini'n gwneud y tro i Carol. Roedd ei chwaer yn siŵr o gofio eu gweld, wrth gwrs, ond gallai hi gymryd arni mai cyd-ddigwyddiad ydoedd iddi hi brynu'r union beth i Carol ag a gafodd hi ei hun oddi wrth Anti Kate neu Siân Hafod Wen.

'Wnest ti ddim gweld 'y ngwyneb i ddoe pan agorais i o?' gallai ofyn i Carol dan chwerthin. 'Wyddwn i ddim ble i sbïo a minnau'n gwybod yn iawn fod yr un peth yn union gen i yn fy mag yn y llofft yn barod i'w roi i ti heddiw.'

Ond beth petai Carol a phawb arall yn sylweddoli'n iawn beth roedd hi'n ei wneud? Wedi'r cwbl, un sobor o sâl am ddweud celwydd oedd Lynda. Oni fuasai'r sawl oedd wedi rhoi'r anrheg iddi hi yn teimlo i'r byw wedyn o'i gweld hi'n ei basio 'mlaen mor ddiddiolch? A beth bynnag, doedd y syniad hwnnw ddim yn datrys problem y cerdyn pen blwydd a ddylai fynd efo'r anrheg.

Y gwir oedd fod Lynda wedi bod yn y fath gynnwrf brynhawn echdoe wrth ruthro o gwmpas siop Woolworth yn lluchio anrhegion, cardiau, papur lapio a selotêp i mewn i'r fasged wifren mewn ffwdan mawr rhag ofn iddi hi fethu'r bws, nes ei bod hi wedi anghofio popeth am brynu anrheg ychwanegol i Carol, heb sôn am gerdyn pen blwydd, a phapur lapio oedd heb fod yn un Nadoligaidd. A dweud y gwir, gymaint fu ei brys fel nad oedd yr anrhegion a roddodd hi i bawb ddoe yn gwbl addas i'r rhai oedd wedi eu derbyn, yn enwedig tegan Owain, oedd yn rhy fabïaidd, a siwmper Emyr, oedd yn llawer rhy fach iddo. Ond o leiaf roedd pawb wedi cael rhywbeth ganddi fore ddoe.

A rŵan roedd hi'n fore pen blwydd Carol a doedd ganddi ddim byd i'w gynnig yn rhodd i'w chwaer fawr oedd bob amser yn mynd i drafferth i gael anrhegion hyfryd ac addas iawn ar gyfer ei phen blwydd hi. Pan oedd y lleill wedi gorffen eu brecwast, a neb ar ôl bellach yn yr ystafell fwyta ond Carol a hithau, ceisiodd Lynda fagu digon o hyder i gyfaddef beth oedd wedi digwydd ac i ymddiheuro. Ond roedd hi'n anodd iawn rywsut iddi ddod o hyd i'r geiriau iawn, yn enwedig felly gan fod Carol yn swnio'n reit ffyrnig wrth iddi glirio'r bwrdd a chwyno'n enbyd am yr holl fwyd roedd Sandra yn ei wastraffu. A hefyd, roedd rhyw lais bach oddi mewn i Lynda'n dweud wrthi am beidio â rhoi'r ffidil yn y to eto, fod ateb i'r broblem yn rhywle ond iddi chwilio amdano.

Gorffennodd ei brecwast, ac yn unol â chyfarwyddyd Carol,

aeth â'i phlât a'i chyllell a'i chwpan drwodd i'w golchi yn y dŵr a sebon a adawyd yno ar ei chyfer. Yna, dihangodd yn ôl at ei phiano i feddwl.

Fe wyddai hi'n iawn y dylai hi fod wedi prynu ei hanrhegion Nadolig yn gynt, ond roedd Andy wedi ei gythruddo gymaint am ei bod hi'n ei fradychu o ac yn rhuthro'n ôl i'w nyth moethus dosbarth canol, chwedl yntau, fel na feiddiai hi ei wylltio ymhellach trwy ddod â phentwr o anrhegion Nadolig i'w dŷ. Petai hi ond wedi meddwl am y peth yn gall, fe fedrai hi fod wedi cuddio'r anrhegion yn ei hystafell yn y neuadd breswyl a mynd i'w nôl nhw ar ei ffordd i ddal y bws adre echdoe. Ond wedyn, beth petai Andy wedi mynnu ei danfon hi at y bws?

Roedd hi wedi poeni am y posibilrwydd hwnnw droeon yn ystod yr wythnos cyn y Nadolig ac wedi penderfynu y byddai hi wedyn yn dal bws cynharach, yn prynu tocyn cyn belled â'r arhosfan nesaf ac yna'n ei goleuo hi'n ôl am y siopau. Roedd gan Andy wrthwynebiad moesol i siopau mawr cyfalafol, felly ni fyddai yna unrhyw berygl iddi ddod ar ei draws o yn yr un o'r rheini.

Yn y diwedd, ni fu raid i Lynda weithredu'r cynllun hwnnw gan fod Andy mewn hwyliau llawer rhy ddrwg i'w danfon at y bws. Bu raid iddi lusgo'i bag trwm bob cam i lawr i ganol y ddinas. Y rheswm ei fod o mor drwm oedd fod bag arall o'i fewn i ddal yr anrhegion yr oedd hi am eu prynu ar gyfer ei theulu, ond oherwydd ei fod o mor drwm fe gymerodd lawer mwy o amser nag arfer iddi gerdded at y siopau, gan adael ond ychydig funudau'n unig iddi brynu ei hanrhegion i gyd. Rhwng trymder y bag a'r ffaith y teimlai hi mor euog am ei hymddygiad tuag at Andy, bu ond y dim iddi anwybyddu ei dyletswydd i'w mam a'i theulu ac aros ym Manceinion wedi'r cwbl.

Doedd Lynda ddim yn dal dig yn erbyn Andy o gwbl am y pethau hyll a ddywedodd amdani hi a'i theulu, er iddo eu dweud nhw o flaen Joe a Simon, y ddau aelod arall o'r band oedd hefyd yn rhannu tŷ efo fo. O'i safbwynt ef, yr oedd hi wedi ymddwyn fel bradwr. Wedi'r cwbl, roedden nhw wedi penderfynu ers deufis nad oedden nhw am ddathlu'r Nadolig mewn unrhyw ffordd—dim cardiau, dim cinio Nadolig, dim trimins, dim anrhegion. Hynny ar ôl i Andy esbonio wrth Lynda fod gwleddau Cristnogol yn wrthun i Sosialwyr fel nhw am eu bod yn symbolau o orthrwm y werin gan y Sefydliad a ddefnyddiai opiwm crefydd i'w cadw dan ormes. Yn ogystal, yr oedd hi'n wrthun gan Sosialwyr fel nhw weld y modd yr oedd y siopau cyfalafol yn masnacheiddio'r Nadolig er mwyn cael gan y werin wario eu henillion prin a'u caethiwo gan ddyled. Wedi iddo esbonio'r peth fel yna, cytunodd Lynda ar unwaith i gadw draw o'r dathliadau teuluol yn Nhyddyn Ucha', er nad oedd llawer o grefydda na chymaint â hynny o gyfalafiaeth yn y dathlu hwnnw.

Aros yn y gwely gydol y bore, codi am blatiaid o sosej a *chips* a sôs coch ac yna'n ôl i'r gwely am weddill y diwrnod, dyna oedd rhaglen Andy ar gyfer Rhagfyr y pumed ar hugain, fel y cyfeiriai ef at ddydd Nadolig yn ddi-ffael. Roedd Lynda'n dal i fod yn ddigon o ferch ei mam i wrido pan wnâi Andy gynlluniau fel yna am sesiynau rhywiol fisoedd ymlaen llaw. Iddi hi, rhywbeth a ddigwyddiai ar ddamwain megis, ym merw'r foment, oedd cyfathrach rywiol, nid rhywbeth i'w drefnu a'i nodi yn eich dyddiadur.

Cytunodd hi, serch hynny, i dreulio'r Nadolig yn y tŷ ym Manceinion efo Andy, gan edrych ymlaen at gael wythnos gyfan yn y tŷ efo fo, tra byddai Joe a Simon efo'u teuluoedd i lawr tua chanolbarth a de Lloegr. Byddai'n gyfle prin iddyn nhw fod yn gwpl go iawn am unwaith, dim ond y ddau ohonyn nhw.

Ac os oedd rhyw fymryn bychan o Lynda fuasai wedi hoffi cael treulio'r wythnos honno trwy ddathlu'r Nadolig yn y ffordd draddodiadol—trimio'r goeden efo'i gilydd, coginio twrci a phwdin Nadolig yn y gegin fechan, dywyll, cyfnewid anrhegion o flaen tanllwyth mawr o dân yn yr ystafell ffrynt—roedd y gweddill ohoni'n ddigon bodlon jyst i gael Andy iddi hi'i hun am dipyn.

Ond er iddi gytuno â chynllun Andy ac edrych ymlaen at yr wythnos honno yn ei gwmni, nid aeth cyn belled â dweud wrth ei rhieni na fyddai'n dod adref ar gyfer y gwyliau eleni. Yn wir, un prynhawn Sadwrn tua diwedd mis Hydref roedd hi wedi taro ar ei mam yn annisgwyl ar y stryd ym Mangor a heb sôn gair wrthi am y newid a fu yn ei chynlluniau.

Roedd Lynda'n teimlo mor ofnadwy o euog fod ei mam wedi ei dal hi yma yng ngogledd Cymru a hithau heb adael i'w theulu wybod am yr ymweliad, fel na sylwodd ar y cychwyn fod Mam yn edrych fel petai wedi dychryn lawn cymaint â hi. Synnodd hynny Lynda am ennyd, ac wedyn cofiodd am y newid fu yn ei hymddangosiad. Doedd ei mam ddim wedi arfer gweld ei chyw ieuengaf efo'i gwallt du'n bigau mawr anystwyth ar hyd ei phen ac yn gwisgo dillad lledr poenus o dynn efo styds metel anferth hyd-ddynt ym mhobman. Yn wir, petai Lynda heb ebychu 'Mam!' mor uchel yn ei syndod wrth ei gweld hi yno o'i blaen, roedd hi'n eithaf posibl na fyddai Olwen Le Grand wedi adnabod y greadures ryfedd yn y lipstic du a'r gwallt sbeics fel ei merch hi ei hun.

'Lynda!!' gwaeddodd mewn dychryn, gan fynd yn reit welw. 'Be wyt ti'n dda yma ym Mangor?'

Roedd hwnnw'n gwestiwn anodd ei ateb. Efallai na fyddai Mam a Dad yn rhy falch o glywed ei bod hi'n esgeuluso'i dylet-swyddau coleg i dramwyo'r wlad yn canu'r allweddellau i grŵp roc. Gwir, doedd hynny ond yn digwydd ar yr achlysuron pan oedd Butch, y canwr allweddellau arferol yn methu dod neu'n gwrthod dod, ond serch hynny, penderfynodd Lynda roi ateb digon amhendant i gwestiwn ei mam.

'Rhyw bobl oeddwn i'n eu nabod yn y coleg oedd yn gorfod dod yma i Fangor,' esboniodd. 'Ac mi gynigion nhw ar y funud ddwytha i mi gael dod efo nhw am drip, felly dyma fi. Wnes i ddim ffonio oherwydd wyddwn i ddim am y peth fy hun tan y bore 'ma a doedd yna ddim posib imi fedru dod draw i Dyddyn Ucha'. Ydi Dad efo chi?'

'Na, na, mae o gartre. Mr Hughes—rwyt ti'n ei gofio fo, y dyn sy wedi dod i fyw i'r Tyddyn Isa'—wel, fo wnaeth ddigwydd sôn ddoe ei fod o'n gorfod dod i Fangor heddiw ar ryw fusnes efo'i gyfreithiwr ac mi gynigiodd i mi gael pàs efo fo. Mi welais i o'n gyfle da imi gael gwneud mymryn o siopa 'Dolig mewn da bryd, felly dyma fi.'

Amneidiodd Mam tua'r ddau fag llwythog oedd yn ei dwylo, ac edrychodd dros ei hysgwydd fel petai hi'n chwilio am rywun y tu ôl iddi.

'Sut wyt ti'n cadw?' gofynnodd wedyn, gan daro golwg digon amheus ar y sbeics a'r lipstic.

'Grêt, diolch, Mam. A Dad a chitha?'

'Iawn, diolch, cariad. Sut mae'r coleg yn mynd?'

Teimlodd Lynda'i hun yn gwrido'n syth. Hyd yma doedd hi ddim wedi gorfod dweud celwydd noeth ond yn awr roedd hi'n falch o'r colur gwyn ar ei hwyneb i guddio'r gwrid.

'Dwi'n brysur iawn ar hyn o bryd,' meddai'n ddigon powld. 'Dyna pam wnes i benderfynu dod am y trip bach 'ma heddiw—dipyn o frêc, wyddoch chi.'

'Mae o'n syniad da iti gael ymlacio o dro i dro,' cytunodd Mam, gan edrych eto dros ei hysgwydd. 'Fyddi di'n dŵad adre eto cyn y 'Dolig?'

'Go brin,' atebodd Lynda ar ei hunion. 'Rydw i ar ei hôl hi braidd efo traethawd pwysig sy'n gorfod bod i mewn ymhen pythefnos ac wedyn mae gen i gyngerdd go fawr mae'n rhaid imi baratoi ar ei gyfer o.'

Roedd Mam yn edrych eto ar y sbeics a'r trowsus lledr a gwelai Lynda ei bod hi'n ymladd efo hi ei hun i beidio â dweud dim wrthi am ei hymddangosiad. Diolch byth na welodd hi mo Andy.

'Mi welwn ni chdi pan mae'r tymor yn gorffen, 'te,' oedd y cwbl ddywedodd hi yn y diwedd, a gwyddai Lynda mai hwn oedd ei chyfle hi i esbonio ynglŷn â'i chynlluniau ar gyfer y

Nadolig. Ond ni ddeuai'r geiriau i'w cheg. A doedd hi ddim am oedi mwy rhag ofn i Andy ddod i'r golwg a dychryn Mam ymhellach.

'Yli, Lynda fach, mae'n rhaid imi frysio,' meddai ei mam wedyn, gan daro cusan fach anghyfforddus ar y foch beintiedig a gwthio papur decpunt i'r llaw yn y faneg ledr. 'Mi hoffwn i gael paned efo ti, a sgwrs iawn ond fydd Mr Hughes yn methu deall ble rydw i erbyn hyn a dydw i ddim isio cymryd mantais ar ei garedigrwydd o trwy ei gadw o'n disgwyl. Mi wela i chdi dros y 'Dolig, cariad. Cofia ddweud pan wyt ti'n ffonio a wyt ti isio rhywbeth cyn hynny.'

A chyda hynny, diflannodd Mam i blith y dyrfa oedd ym mhobman o'u cwmpas. Safodd Lynda yno am ennyd yn teimlo'n drychinebus o euog ac eto'n gwybod na allasai hi fod wedi torri'r newyddion drwg i'w mam yno ar ganol y stryd. Dywedai Andy o hyd ei bod hi'n rhy ystyriol o deimladau pobl eraill ac y dylai hi sefyll dros yr hyn roedd hi'n ei gredu heb boeni dim beth roedd neb yn ei feddwl.

Erbyn heddiw, sylweddolai Lynda petai hi ond wedi magu'r hyder i ddweud wrth Mam y diwrnod hwnnw, gan roi cyfle i Dad a hithau ddygymod â'r ffaith nad oedd hi am fod gartre dros y Nadolig, na fuasai hi byth wedi ei chael ei hun i'r fath strach ynglŷn â cherdyn ac anrheg i Carol. Fe fuasai hi wedi medru prynu a phostio anrhegion i bawb rywbryd pan oedd Andy mewn darlith gymdeithaseg neu wleidyddiaeth, a siawns na fuasai hi wedyn â digon o amser i gofio am ben blwydd Carol.

Torrwyd ar draws ei meddyliau pan ddaeth Carol ei hun drwy'r drws oedd yn arwain o'r parlwr i'r parlwr bach. Am eiliad, ystyriodd Lynda eto ddweud y gwir wrthi. Gwyddai na fyddai hi'n flin, na wnâi hi ond chwerthin am ben anghofrwydd ei chwaer fach ddoniol, ac eto, fedrai Lynda ddim ildio cyn iddi roi cynnig ar ddatrys y broblem.

Felly, ddywedodd hi ddim byd. Yn hytrach, peidiodd ei bysedd â chanu'r hen dôn Rwsiaidd drist honno oedd yn gymaint o ffefryn efo Dad a dechreuasant yn hytrach ganu 'Pen blwydd Hapus' yn uchel iawn, gan beri i Carol chwerthin ac i bawb arall dyrru i'r parlwr bach i amgylchynu'r piano. Ac wedi iddynt ganu 'Pen-blwydd Hapus' fe ofynnodd Owain i'w Anti Lynda ganu 'Mi welais Jac-y-do' a 'Dacw Mam yn Dŵad'. Yn anorfod ar ôl hynny fe ddilynwyd y ceisiadau cyntaf gan lu o rai eraill ac ymunodd pawb, hyd yn oed Sandra, yn y canu.

Sylweddolodd Lynda ei bod hi'n ei mwynhau ei hun yn arw. Doedd y teulu ddim wedi ymgasglu fel hyn o gwmpas y piano ers blynyddoedd. Ond, wrth gwrs, ar bob achlysur arall y gallai hi ei gofio, Dad fu â'i fysedd yn llithro dros y nodau tra oedd Lynda'n sefyll efo'i mam a'i brawd a'i chwiorydd, yn canu'n llawen. Tybed a oedd rhywun heblaw hi'n gweld eisiau llais baritôn swynol Dad y funud hon?

11

Roedd y plant wedi crwydro i ffwrdd o'r parlwr bach unwaith y dechreuodd pawb ganu caneuon oedd yn anghyfarwydd iddyn nhw. Ymhen rhyw gân neu ddwy arall—yn union ar ôl iddynt orffen canu 'Tra bo Dau'—aeth Carol i weld ble roedden nhw. Canodd y gweddill ohonynt 'Yr Eneth Ga'dd ei Gwrthod' a 'Bugeilio'r Gwenith Gwyn' ond cyn iddynt ganu mwy na phennill o 'Dafydd y Garreg Wen', daeth Owain i chwilio am ei dad i ddweud fod y robot newydd wedi torri.

Aethant yn eu holau i ddechrau'r gân ond doedd Kevin a Mam fawr o gantorion ac wedi ymadawiad Emyr a'i lais bâs cyfoethog doedd dim cystal hwyl ar y canu. Edrychai Mam yn eithaf anghyfforddus beth bynnag a sylweddolodd Lynda'n sydyn mor anystyriol fu hi o deimladau ei mam wrth ddewis hoff ganeuon Dad i'w canu. Ond yr alawon hynny oedd wedi dod barotaf i'w bysedd yn yr ystafell yma. Ceisiodd feddwl am gân wahanol i'w chanu nesaf, un heb atgofion ynghlwm wrthi,

84

ond doedd mo'i hangen hi yn y diwedd gan i bawb grwydro i ffwrdd at eu pethau eu hunain, a'i gadael ar ei phen ei hun efo'i cherddoriaeth a'i meddyliau unwaith eto.

Roedd Lynda wedi treulio cynifer o oriau yn yr ystafell hon, ar y stôl hon, a'i dwylo ar nodau'r piano hwn. Gwyddai fod llawer o blant a phobl ifainc, gan gynnwys rhai oedd bellach yn gyd-fyfyrwyr efo hi yn y coleg cerdd, yn ystyried gwersi piano a'r oriau o ymarfer yn fwrn ac yn artaith i'w dioddef o raid ac i'w hosgoi bob tro'r oedd hynny'n bosibl.

Nid felly Lynda. Er pan oedd hi'n ddim o beth, yma wrth y piano roedd hi hapusaf. Cyn iddi fod yn ddigon hen i fynd i'r ysgol, roedd ei thad wedi dysgu ambell dôn fach syml iddi, nid am ei fod o eisiau ei gwthio hi i ddysgu, ond am ei bod hi ar dân bryd hynny eisiau creu sŵn cerddorol drosti ei hun. A thros y blynyddoedd ar ôl hynny fe dreuliodd oriau maith yma efo Dad yn y parlwr bach yn dysgu popeth oedd ganddo i'w ddysgu iddi ac yn elwa ar ei sensitifrwydd rhyfeddol ef tuag at awyrgylch ac enaid pob darn unigol o gerddoriaeth.

Yn ôl yr hanes a ddywedodd Nain wrth Lynda ychydig cyn iddi farw, roedd athrawes biano Dad wedi dweud wrtho ers talwm fod ganddo ddigon o ddawn i fynd yn gerddor proffesiynol. Dim ond yn ddiweddar yr oedd Lynda wedi deall mor wir oedd hynny a chymaint o wastraff oedd o i ddyn o allu ei thad dreulio'i ddyddiau'n athro cerddoriaeth mewn ysgol uwchradd wledig.

Mae'n debyg fod Dad wedi bwriadu rhoi gwersi piano i ddisgyblion preifat, ond pan aeth Nain Tyddyn Ucha'n sâl yn fuan ar ôl iddo ef a Mam briodi a pheri i'r ddau orfod symud yma i fyw, rhoddwyd y gorau i'r syniad gan na ellid disgwyl i blant ifainc ymlwybro i le mor ddiarffordd am eu gwersi, ac yr oedd llogi rhywle yn y dref yn llawer rhy gostus.

Ei blant ef ei hun amdani, felly, os oedd Paul Le Grand am gael y cyfle i drosglwyddo ei wybodaeth gerddorol i rywun. Ond buan iawn y sylweddolodd pawb fod Kevin yn gwbl ddi-glem am bopeth cerddorol. Parhaodd Dad i ddysgu ei dair merch.

Ond roedd Carol yn rhy ddiamynedd i ddyfalbarhau efo'r ymarfer angenrheidiol i ddatblygu ei dawn ddiamheuol, ac yr oedd Sandra mor sensitif i feirniadaeth fel nad oedd hi'n medru dysgu oddi wrth ei chamgymeriadau. Yn y diwedd, dim ond Lynda oedd ar ôl.

Ynddi hi, ei blentyn olaf, yr adnabu Dad y cariad at gerddoriaeth a fu'n gysur ac yn wefr iddo ef ei hun gydol ei oes. Ac yr oedd yn benderfynol na fyddai ei doniau hi'n cael eu gwastraffu fel ei rai ef. Diwrnod balchaf ei oes oedd y diwrnod y cyrhaeddodd y llythyr yn cynnig lle i Lynda yn y coleg cerdd ym Manceinion.

Yr unig beth da a ddaeth o ymadawiad Dad oedd na fyddai raid iddi hi'n awr weld y boen yn ei wyneb ef pan ddywedai wrth ei theulu ei bod hi bellach wedi penderfynu dilyn bywyd gwahanol iawn i fywyd y llwyfannau cyngerdd. Doedd Mam erioed wedi deall y reddf gerddorol a symbylai Lynda a'i thad, felly byddai'n haws dweud wrthi hi. Fe fyddai hithau wedi ei siomi, wrth gwrs, ond ni fyddai hi'n gwybod, fel y byddai Dad wedi gwybod gymaint oedd yr aberth a wnâi eu merch ieuengaf wrth ymwrthod, efallai am byth, â'r therapi hyfryd hwn o eistedd wrth y piano a theimlo pob tyndra a chnofa'n llifo allan ohoni drwy flaenau ei bysedd. Byddai, fe fyddai hi wedi bod yn llawer anos dweud wrth Dad. Yn y cyswllt hwnnw, roedd hi'n ffodus fod ei lythyr ef wedi cyrraedd cyn iddi hi bostio ei llythyr hi.

Roedd Lynda wedi penderfynu ysgrifennu'r llythyr ar y nos Sul ar ôl iddi weld ei mam ym Mangor. Ei bwriad gwreiddiol oedd dweud y cwbl wrthyn nhw'r noson honno yn ystod ei galwad ffôn wythnosol, ond rywsut fe roddodd hi'r derbynnydd i lawr heb ddweud yr un gair am Andy nac am y Nadolig. Roedd Andy a Joe a Simon wedi mynd allan y noson honno, felly mi benderfynodd hi achub y cyfle i roi ei chenadwri i lawr ar bapur yn glir ac yn bwyllog—llawer callach na baglu geiriau dros y ffôn.

Ni fu'n hawdd iddi ysgrifennu'r llythyr. Yn gyntaf, bu raid

iddi esbonio dipyn am Andy, oherwydd doedd hi erioed wedi sôn gair amdano wrthyn nhw cyn hynny. Nid aeth Lynda i fanylu am y ffordd y bu iddynt gyfarfod, gan ei bod hi'n weddol siŵr na fuasai hi'n gallu esbonio mor rhamantus oedd y noson gyntaf honno mewn gwirionedd. Petai hi ond yn rhoi'r ffeithiau moel, gallai roddi'r argraff anghywir o Andy i'w rhieni. Butch, y canwr allweddellau yn y band oedd wedi methu â chyrraedd dawns y glasfyfyrwyr—yn wir, roedd o'n methu'n lân â sefyll ar ei draed ar ôl bod mewn parti lle'r oedd rhywbeth amgenach nag alcohol yn cael ei basio o gwmpas—ac felly roedd Andy wedi dod at y meicroffon i ofyn a oedd rhywun yn bresennol oedd yn medru canu'r allweddellau. Gan nad oedd Lynda bryd hynny erioed wedi gweld allweddellau'n iawn heb sôn am gyffwrdd ynddynt, wnaeth hi ddim ymateb i'r apêl honno, ond pan ddaeth o yn ei ôl bum munud yn ddiweddarach gan ddweud na fyddai cerddoriaeth o gwbl oni bai fod rhywun yn mentro, fe wthiodd hi ei ffordd at ymyl y llwyfan a dywedodd yn swil ei bod hi'n medru canu'r piano. Yn sicr, fyddai Dad a Mam byth yn deall sut y bu iddi ddiweddu'r noson honno yng ngwely Andy.

Ond mi wnaeth hi esbonio yn ei llythyr am weledigaeth Andy ac am ei ddaliadau cryfion ef, a hithau, ynglŷn â Sosialaeth fel unig obaith y gymdeithas ddiwydiannol i roi chware teg i bob unigolyn, a pham y byddai hi'n gwadu'r daliadau hynny trwy ddathlu'r Nadolig. Ceisiodd leddfu'r siom a roddai hynny iddynt drwy addo dod ag Andy i'w cyfarfod adeg y flwyddyn newydd, gan fod Andy'n fwy na bodlon dathlu'r achlysur hwnnw. Sut ar wyneb y ddaear yr oedd hi am ddarbwyllo Albanwr pybyr fel fo i'w ddathlu ym mherfeddion gogledd Cymru'n hytrach nag ymhlith ei gyd-wladwyr, wyddai hi ddim, ond edrychai'r addewid yn dda ar bapur.

Dyna gwblhau'r darn hawdd o'r llythyr. Aeth nifer o ddalennau o bapur i'r fasged sbwriel cyn gorffen y rhan nesaf. Dechreuodd trwy gydnabod i'w rhieni wneud eu dewisiadau ar gyfer ei dyfodol gyda'i lles hi'n flaenaf mewn golwg, ond ei bod hi'n sylweddoli bellach na fyddai bywyd fel pianydd proffesiynol yn iawn iddi hi. Dyna'r rheswm pam, aeth rhagddi i egluro, pan fyddai Andy'n gorffen ei radd yr haf nesaf ac yn dychwelyd i Gaeredin, y byddai hi'n rhoi'r gorau i'w chwrs ym Manceinion i fynd i gydweithio efo fo ar y cynllun oedd yn rhoi cefnogaeth a chymorth i'r rhai oedd yn dioddef o AIDS oherwydd eu dibyniaeth ar heroin. Wnaeth Lynda ddim sôn bod brawd Andy ymhlith y trueiniaid hyn.

Ychwanegodd baragraff i esbonio y gallai hi barhau efo'i hastudiaethau trwy ymaelodi mewn coleg cerdd yng Nghaeredin, er y gwyddai hi mewn gwirionedd na fyddai hynny'n bosibl. Os oedd Andy a hithau am fod yn byw mewn sgwat efo trueiniaid mwyaf esgymun y ddinas, go brin y byddai yno biano iddi ymarfer arno. Brysiodd ymlaen i ddarfod ei llythyr trwy ymddiheuro am siomi ei rhieni, gan ychwanegu ei bod hi'n sicr y bydden nhw'n siŵr o gefnogi ei gwaith dyngarol yn y pen draw.

Os bu ysgrifennu'r llythyr yn anodd, bu ei bostio'n anos fyth. Er iddi roi stamp dosbarth cyntaf arno, bu'n ei gario o gwmpas am bythefnos, gan fynd heibio i flychau postio di-ri. Teimlai mor annifyr ynghylch y peth fel y bu iddi fethu â ffonio adref ar nosweithiau Sul yn ôl ei harfer—wedi'r cŵbl, sut y medrai hi siarad efo nhw fel pe na bai dim o'i le pan oedd y llythyr yna fel cnap o dân ym mhoced ei siaced ledr? Ac roedd ei llythyr hi'n dal i fod yn ei phoced pan dderbyniodd hi'r llythyr oddi wrth ei thad.

Yn swyddogol, roedd Lynda'n byw mewn ystafell yn y neuadd breswyl oedd yn perthyn i'r coleg cerdd, ond anaml iawn yr ymwelai hi â'r lle. Roedd y bechgyn yn llawn canmoliaeth i'w hymdrechion i gadw'r tŷ'n lân a pharatoi prydau llawer mwy amrywiol na'r rhai a ddarperid gan Shirley, cyngariad Andy, ond roedd y glanhau a'r coginio a'r siopa'n cymryd bron gymaint o'i hamser â'r ymarfer piano. Ac ar ben hynny, roedd darlithoedd a dosbarthiadau tiwtorial. Rywsut roedd Lynda'n ei chael hi'n anodd iawn treulio ychydig o amser bob wythnos yn y neuadd efo'i ffrindiau, er mai dyna oedd ei bwriad o hyd. O ganlyniad, roedd llythyr Dad wedi bod yn gorwedd ar y bwrdd post yn y neuadd am ddyddiau bwy gilydd nes i un o'r merched feddwl ei godi. Daeth honno at Lynda ar ddiwedd darlith hanes cerdd, a thrawodd y llythyr yn ei llaw efo gwên fach slei.

Euogrwydd deimlodd hi fwyaf wrth weld ysgrifen gyfarwydd ei thad ar yr amlen. A hithau heb ffonio adref ers pythefnos, efallai fod Mam a Dad wedi bod yn ceisio'i ffonio hi yn y neuadd, ac ar ôl methu'n lân â chael gafael arni yno, wedi gorfod ysgrifennu ati yn y diwedd. Roedd hi'n iawn i Andy, nad oedd yn cofio'r rhai a roddodd fod iddo, y dihirod a adawodd ei frawd ac yntau i wynebu eu tynged ar eu pennau eu hunain, ddweud nad oedd ar unrhyw un dros ddeunaw oed na dyled na dyletswydd i'w rhieni, ond y foment hon, fe deimlai Lynda fel plentyn bach drwg oedd wedi cael ei ddal yn camymddwyn.

Agorodd y llythyr yno yn yr ystafell ddarlithio, heb ddisgwyl cael mwynhad o'i ddarllen ond heb amcan yn y byd pa genadwri oedd ynddo. Darllenodd a darllenodd eto, ond roedd y peth yn anghredadwy! Dad wedi gadael Mam, wedi mynd o Dyddyn Ucha'! Teimlai Lynda fel petai rhywun newydd ei tharo'n galed iawn yn ei stumog.

Safodd yno am beth amser yn ceisio gwneud pen a chynffon o'r llythyr ac yna aeth i chwilio am ffôn. Ond pan atebodd Mam yr alwad ni allai hi ond cadarnhau gwirionedd popeth oedd yn y llythyr. Swniai'n rhyfeddol o normal o gofio'r siom a gawsai, ond cofiodd Lynda, gan wrido, ei bod hi wedi cael bron wythnos i ddod dros ei hymateb cyntaf tra bu llythyr Dad yn gorwedd ar y bwrdd post.

Wnâi Mam ddim caniatáu i Lynda ruthro adref ar y trên y prynhawn hwnnw. Mynnai ei bod hi'n aros ym Manceinion tan ddiwedd y tymor a chwblhau pob ymrwymiad.

'Wela i chi 'Dolig,' meddai wrth ei mam yn reit ddagreuol wrth roi'r derbynnydd i lawr.

Doedd yna ddim cwestiwn rŵan o beidio mynd adref dros y Gwyliau. Roedd Andy'n siŵr o ddeall fod yn rhaid iddi fod efo'i mam a'i theulu y Nadolig yma, meddyliodd Lynda, gan dynnu'r llythyr hwnnw fu mor anodd ei ysgrifennu o boced ei siaced a'i daflu i'r bin sbwriel agosaf.

Ond wnaeth Andy ddim trio deall. Parhaodd i achwyn arni a'i galw hi'n slywen ddosbarth canol ddi-asgwrn-cefn ac yn llawer o bethau gwaeth ddydd a nos nes iddi adael y tŷ i ddal y bws am adre. Ond, â'r amser mor brin a geiriau creulon Andy'n dal i chwyrlïo o gwmpas yn ei phen, doedd ryfedd iddi anghofio prynu anrheg ben blwydd i Carol.

Daeth Lynda'n ymwybodol iddi fod yn canu'r piano'n eithriadol o uchel a ffyrnig, pan ganodd cloch y ffôn yn y parlwr. Rhoddodd y gorau iddi'n syth, a thynnu'r caead dros nodau'r offeryn yn ofalus. Waeth iddi heb ag eistedd yma drwy'r dydd er hyfryted ydoedd. Efallai petai hi'n mynd yn syth rŵan, y gallai hi gerdded i'r dref ac yn ôl cyn cinio. Siawns na fyddai siop o ryw fath ar agor. Ac eto, roedd chwe milltir o ffordd i'r dref, a doedd ganddi hi ddim esgidiau addas iawn ar gyfer cerdded.

Fe'i cafodd Lynda'i hun yn gwrando ar ei gwaethaf ar yr hyn yr oedd ei mam yn ei ddweud ar y ffôn. Roedd hi'n amlwg yn trefnu efo Mr Hughes pryd y dylai ddod i'w nôl hi ar ôl cinio i fynd â hi i ymweld ag Anti Kate yn y cartref henoed. Cafodd Lynda syniad a gododd ei chalon, a dilynodd ei mam yn ôl i'r gegin wedi iddi ddarfod ar y ffôn.

'Mam, mae gen i broblem,' meddai hi'n syth. 'Dwi wedi gadael cerdyn ac anrheg Carol ar ôl ym Manceinion.'

'O, hen dro!' atebodd Mam, heb godi ei golwg oddi ar y nionyn roedd hi'n ei dorri. 'Ond dydi o ddim yn achos iti bryderu. Mi fydd Carol yn siŵr o ddeall a'r un mor falch o'i gael o wedi iti fynd yn ôl i'r coleg.'

'Meddwl roeddwn i y buasai'n syniad imi brynu rhywbeth bach iddi hi heddiw—tamaid i aros pryd, fel petai.'

'Ond mae hi'n Ŵyl Banc, Lynda fach. Does 'na ddim siopau ar agor.'

'Siawns na fydd siop o ryw fath ar agor yn rhywle yn y dre,' mynnodd Lynda. 'Ga i bàs efo chi a Mr Hughes cyn belled â'r dre pan fyddwch chi'n mynd i weld Anti Kate?'

'O, na. Na, wir, Lynda,' meddai Mam, mewn llais oedd yn wan ac yn ffyrnig ar yr un pryd, efallai oherwydd effaith y nionyn. 'Y peth ydi, 'mechan i, dydw i ddim isio i Tecwyn feddwl ein bod ni'n cymryd mantais arno fo. Rydan ni wedi gofyn sawl cymwynas ganddo fo'r dyddiau dwytha 'ma. Hoffwn i ddim gofyn iddo fo fynd allan o'i ffordd eto heddiw.'

'Ond fyddai ddim rhaid iddo fo fynd allan o'i ffordd o gwbl,' protestiodd Lynda, oedd yn methu deall pam roedd ei mam yn gwrthwynebu cynllun a ymddangosai'n berffaith resymol iddi hi. 'Mi fedrech chi 'ngollwng i wrth y llyfrgell ar eich ffordd ac wedyn mi fedrwn i gerdded i'r dre a dod yn ôl at y llyfrgell eto i'ch disgwyl chi. Mae'n siŵr na fyddwch chi'n hir iawn efo Anti Kate, yn na fyddwch?'

'Na, dwi ddim yn meddwl . . .' dechreuodd Mam yn ffwndrus, ond torrwyd ar ei thraws gan Emyr, a ddaeth i'r gegin y funud honno efo dwy gwpan wag.

'Oes 'na rywbeth o'i le?' gofynnodd wrth weld y ddwy'n wynebu ei gilydd ar draws y gegin.

'Na, na, Emyr,' atebodd ei fam-yng-nghyfraith efo gwên. 'Lynda sydd wedi cymryd yn ei phen ei bod hi isio mynd i'r dre pnawn 'ma, a finnau'n trio dweud wrthi na fydd 'na siopau ar agor yno.'

'Mae gen ti well siawns dod o hyd i rywle bore 'ma,' meddai yntau. 'Rydw i ar fin picio rŵan i chwilio am garej lle ca' i olew i'r car. Dŵad yma i ofyn wnes i a oedd 'na ddigon o amser imi fynd cyn cinio.'

'Oes, neno'r tad,' meddai Mam efo gwên fawr. 'Fydd bwyd ddim yn barod am awr a hanner, o leia.'

'Dyna ni, 'ta. Mi gei di ddŵad efo fi, Lynda.'

Ac ymhen pum munud roedden nhw ar eu ffordd i lawr yr allt yn y car bach coch, a Lynda'n esbonio'i phroblem wrth Emyr.

'Dwi'n teimlo mor euog am anghofio'i hanrheg hi,' meddai hi, 'dwi jyst isio cael rhywbeth bach iddi, ac wedyn mi alla i bostio'i hanrheg go iawn hi iddi eto. Roedd hi'n lwcus iawn i mi dy fod ti isio'r olew 'na i'r car.'

'A bod yn onest, Lynda, wnes i ddim meddwl am brynu olew nes i ti sôn dy fod ti isio dod i'r dre. Gweld cyfle i ddianc am dipyn wnes i. Mae'r dathliadau teuluol 'ma'n grêt i chi ond yn dipyn o straen ar rywun sy heb gael ei eni iddyn nhw.'

'Ac eto, rwyt ti'n dod bob blwyddyn?'

'Mae o'n bwysig i Carol,' meddai Emyr yn syml, fel petai hynny'n ddigon o reswm dros unrhyw beth. Ceisiodd Lynda ddychmygu Andy'n dweud rhywbeth cyffelyb, a methodd.

'A dweud y gwir,' ychwanegodd Emyr mewn llais cyfrinachol, fel petai rhywun yn gwrando o'r sedd gefn, 'fe fu bron inni beidio â dwad eleni. Wedi ffansïo cael 'Dolig bach distaw wrthym ein hunain, a finnau wedi trefnu parti at heno yn syrpreis i Carol. Ond efo'ch tad chi'n mynd fel'na, roedd Carol yn teimlo fod yn rhaid inni ddŵad yma 'leni.'

'Dwi'n siŵr fod Carol yn gresynu ei bod hi'n colli'r parti 'na.'

'O, ŵyr hi ddim amdano fo,' esboniodd Emyr. 'Syrpreis oedd o i fod, wel'di, ac erbyn inni benderfynu dod yma wedi'r cwbl, roedd hi'n rhy hwyr i ganslo'r gwesty, felly mi fydd ein ffrindiau ni i gyd yno heno yn dathlu pen blwydd Carol yn ei habsenoldeb. Tasa fo ddim yn costio ffortiwn imi, mi fuasai'r cwbl yn hwyl iawn. Ond paid â sôn gair wrth Carol, da chdi, neu mi fynnith hi neidio i'r car a rhuthro'n ôl atyn nhw. Mi ddeuda i wrthi hi fory—well imi aros nes byddwn ni adra, neu os cawn ni ffrae arall, ella bydd raid imi fynd yn ôl ar y trên fy hun hefyd!'

Chwarddodd y ddau, ond roedd cyfeiriad Emyr at y trên wedi codi cwestiwn ym meddwl Lynda.

'Mr Hughes ddaeth i dy nôl di o'r orsaf y diwrnod o'r blaen, yntê?' holodd.

'Ie. Tydi o'n medru siarad, dywed? Wnaeth o ddim tewi am funud yr holl ffordd o'r orsaf i Dyddyn Ucha'!'

'Doedd o ddim yn gwarafun dod, nac oedd?'

'Rargian fawr, nac oedd! A deud y gwir, dwi'n meddwl ei fod o'n falch o gael rhywbeth i'w neud. Peth ofnadwy iddo fo oedd colli ei wraig fel y gwnaeth o, ac eto dydi o ddim yn ddigon hen i fwynhau bod yn segur. Mi ddywedodd o hynny wrtha i.'

'Dyna oeddwn i'n ei feddwl hefyd,' meddai Lynda, ond chafodd hi ddim cyfle i ddweud mwy. Yno o'i blaen roedd garej fwya'r ardal, a honno'n brysurdeb i gyd, gymaint felly fel y bu raid i Emyr barcio rownd y gornel.

Roedd yno siop go helaeth. Ni fyddai raid i Carol fodloni ar focs o fferins fel yr oedd Lynda wedi ei ddisgwyl. Roedd yno bob math o bethau addas i'w rhoi fel anrhegion, efallai am fod yr ysbyty lleol gerllaw. Roedd yno focsys siocled o bob math, a phersawr, a llestri crand a jig-sôs a gêmau bwrdd, heb sôn am lyfrau a phapur ysgrifennu—hyn oll yn ogystal â'r pethau y disgwyliech chi eu gweld mewn garej.

Dewisodd Lynda blanhigyn oedd bron iawn â bod yn goeden a photyn mawr o grochenwaith lleol i'w ddal. Prynodd gerdyn hefyd, ond roedd y planhigyn yn rhy fawr i'w roi mewn papur lapio. Teimlai mor falch ohoni ei hun nes iddi brynu bocs mawr o siocled i bawb ei rannu heno a mỳg efo jôc arno i Emyr i ddweud diolch wrtho am ddod â hi. Mi wynebai hi'r llythyr cas o'r banc ym mis Ionawr.

'Mi alla i weld y cawn ni hwyl yn mynd â hwnna adra i Surrey,' oedd sylw Emyr pan welodd beth roedd Lynda wedi ei brynu. Ond pan gynigiodd hi fynd ag ef yn ôl i'w newid am rywbeth llai anhydrin, gwenodd yn gynnes a dywedodd y byddai Carol wrth ei bodd efo fo. Roedd o wedi cael ei blesio'n arw efo'i fỳg hefyd a chochodd at ei glustiau wrth ddiolch amdano.

Dringodd y ddau yn ôl i'r car, Lynda efo'i phlanhigyn a'r bocs siocled ac Emyr efo'i fŷg, yr olew a stoc dda o fatris ar gyfer robot Owain. Roedd y ddau ohonynt yn fodlon iawn ar eu byd wrth iddynt gychwyn adref i Dyddyn Ucha' am eu cinio.

12

Ni ddychwelodd Emyr a Lynda ar eu hunion i Dyddyn Ucha'. Wrth ddilyn y gyfundrefn unffordd mewn rhyw gylchdro igam-ogam o gwmpas y dref, gwelsant ddyn ifanc yn dod allan o siop ddiodydd efo llond ei freichiau o duniau cwrw. Rhoddodd Emyr ei droed ar y brêc yn ddi-oed.

'Waeth inni gael mymryn o ddiod gwerth chweil at heno,' meddai wrth Lynda efo winc. 'Dwi ddim yn meddwl y medra i ddiodda mwy o sieri dy fam.'

Roedd yr hyn a alwai Emyr yn fymryn o ddiod yn llenwi cist y car. Cytunodd Lynda y byddai'n syniad da adael y diodydd, y planhigyn a'r siocled yn y car tan gyda'r nos, ac felly daeth y ddau ohonynt i mewn i gegin Tyddyn Ucha'n waglaw—roedd y mỳg a'r batris ym mherfeddion pocedi Emyr.

'Mi gawsoch siwrnai ofer, felly?' gofynnodd Mam.

'Na,' atebodd Lynda, 'mi gawsom ni bopeth roedden ni ei eisiau.'

'Peidiwch â mynd yn bell,' siarsiodd Mam wedyn. 'Mae bwyd jyst iawn yn barod.'

Doedd dim angen gofyn beth oedd i ginio. Roedd arogl cyrri i'w glywed lond y gegin a thrwy'r tŷ i gyd, mae'n siŵr. Hawdd dweud nad oedd Dad yno—roedd yn gas ganddo arogl cyrri heb sôn am ei flas. Ond roedd Lynda wrth ei bodd efo fo a rhuthrodd i'r llofft i dynnu ei siaced ac i ysgrifennu ei cherdyn i Carol cyn brysio at y bwrdd yn frwdfrydedd i gyd.

'Dwi ddim yn meddwl y dylwn i fentro bwyta cyrri efo fy stumog i fel ag y mae hi,' meddai Sandra wrth Mam yn nrws y gegin. 'Fyddai hi ots gennych chi petawn i'n gwneud mymryn o frechdan i mi fy hun?'

'Na fyddai, siŵr, Sandra fach,' oedd ateb Mam, 'er, cofia, dydi o ddim yn gyrri cry iawn.'

'Ga i fwyd Sandra, 'te, Mam?' gofynnodd Lynda.

Chwarddodd ei mam a dywedodd fod yna hen ddigon o fwyd i bawb, ac aeth yn ei blaen i restru dwsin neu fwy o fwydydd y gallai hi eu paratoi ar fyrder i Sandra, gan gynnwys llawer o'r danteithion oedd wedi eu gwneud ar gyfer parti Carol. Ond gwrthododd Sandra'r cwbl ac aeth i'r gegin i wneud ei brechdan.

Bwytaodd Lynda ddau blatiaid o'r cyrri a buasai wedi bwyta mwy petai Kevin heb wagio'r ddesgl. I ddilyn roedd jeli efo ffrwythau ynddo a hufen iâ. Buasai Lynda wedi hoffi cael mwy o hwnnw hefyd ond roedd Mam yn amlwg ar frys i gael clirio'r bwrdd a golchi'r llestri cyn i Mr Hughes ddod i alw amdani am ddau. Cynigiodd Carol ei helpu, ond wnâi Mam ddim caniatáu iddi wneud hynny ar ei phen blwydd a bu raid i Sandra a Lynda ei helpu hi. A chyn iddynt wneud hanner y gwaith, daeth Carol o'r parlwr i ddweud fod Mr Hughes y tu allan yn siarad efo Emyr, oedd wrthi'n newid olew'r car.

Gollyngodd Mam ei lliain sychu llestri ar lawr a rhuthro i fyny'r grisiau i newid. Diflannodd Carol i'r ystafell fwyta efo Guto ac Owain a'r cardiau Snap, gan gau'r drws yn dynn ar eu holau. Ac roedd Lynda'n gwybod fod Kevin wedi ei gloi ei hun yn y lle chwech efo llyfr yn union ar ôl cinio. Felly, o gofio nad oedd Sandra fawr o help efo cynnal unrhyw sgwrs, ar Lynda y disgynnodd y baich o ddifyrru Mr Hughes pan ddaeth o at y drws ymhen ychydig funudau.

'Dewch trwodd i'r parlwr, Mr Hughes,' meddai hi wrtho, gan swnio'n union fel gwraig tŷ gonfensiynol ar waetha'r lipstic du a'r sbeics. 'Fydd Mam ddim yn hir iawn. Doedd hi ddim yn eich disgwyl chi tan ddau o'r gloch.'

'Diawch, sori, rown i wedi meddwl mai mynd i'r cartref

erbyn dau roeddem ni,' ymddiheurodd Mr Hughes, ac o hynny ymlaen doedd dim stop ar ffrwd ei eiriau.

Cofiodd mai Lynda oedd yr un gerddorol ymhlith plant Tyddyn Ucha' ac wedi ei holi rywfaint am ei chwrs yn y coleg cerdd, aeth ymlaen i draddodi wrthi nifer o hanesion oedd â chysylltiad cerddorol o ryw fath. Clywodd Lynda mor dda oedd ei fab ef am ganu'r ffidil erstalwm, a chlywodd fel y byddai Mr Hughes a chyfeillion ei blentyndod yn naddu pibau bychain allan o ganghennau coed cyll. Clywodd wedyn fel y byddai hen ewythr iddo'n canu'r trombôn ym mand yr Oakley yn y Blaenau erstalwm, ac roedd Mr Hughes yn dal i geisio dyfalu beth oedd wedi digwydd i'r hen drombôn pan ddaeth Mam i'r parlwr.

Roedd hi wedi gosod ei gwallt yn ddel iawn ac wedi coluro ei hwyneb yn gelfydd i bwysleisio glesni ei llygaid a llunieidd-dra ei gwefusau llydain. Gwisgai ei chôt orau ac esgidiau sodlau uchel efo bag o'r un lliw â'r esgidiau. Druan ohoni, meddyliodd Lynda, roedd hi'n amlwg nad oedd Mam yn cael fawr o gyfle i wisgo i fyny a mynd allan os oedd hi'n mynd i'r fath drafferth i'w gwneud ei hun yn hardd i fynd i weld yr hen Anti Kate. Roedd yr hen ledi mor ffwndrus bellach fel mai o'r braidd y byddai hi hyd yn oed yn adnabod Mam, beth bynnag.

Safodd Mr Hughes ar ei draed pan ddaeth hi i'r ystafell, ac estynnodd ei law i Lynda.

'Rydw i wedi mwynhau ein sgwrs ni'n arw, Lynda,' meddai. 'I ffwrdd â ni, 'ta, Olwen.'

Prin fod Cavalier glas Tecwyn Hughes wedi mynd o'r golwg cyn i bawb ymddangos o'u cuddfannau. Daeth Emyr i olchi'r olew oddi ar ei ddwylo ac awgrymu i Carol eu bod nhw'n mynd â'r bechgyn am dro i'r ffridd. Awgrymodd hyn fel petai'n syniad newydd sbon a gawsai, ond mewn gwirionedd, roedd hynny'n rhan o drefn pethau yn Nhyddyn Ucha' ar ben blwydd Carol. Byddai Emyr yn mynd â'i wraig i rywle o'r ffordd ac yna byddai gweddill y teulu'n mynd ati fel lladd nadroedd i gael popeth yn barod at y parti. Fel arfer, byddai'r gegin yn llawn o jôcs a hwyl wrth i Mam a'r merched baratoi'r brechdanau a'r pasteiod a'r pwdinau, tra byddai Dad a Kevin yn brysur yn addrefnu'r dodrefn ac yn chwythu balŵns.

Ond eleni doedd Dad ddim yma, na Mam chwaith. Tybed ai dyna pam yr oedd hi wedi dewis mynd i weld Anti Kate heddiw yn lle fory, am ei bod hi'n methu dioddef meddwl am y prynhawn arbennig hwn heb Dad? Roedd hi wedi gwneud y pasteiod a'r pwdinau a'r rhan fwyaf o'r gwaith coginio ymlaen llaw, ond parhâi Lynda i obeithio y gallai Sandra a Kevin a hithau adfer tipyn o hwyl yr achlysur trwy dorri'r brechdanau a symud y cadeiriau ac addurno'r ystafell fwyta.

'Wel, ydach chi'n barod i ddechrau paratoi at y parti?' gofynnodd i'w brawd a'i chwaer yn galonnog.

Cododd Sandra ei golygon oddi ar y llyfr Ffrangeg roedd hi'n ei ddarllen ond ddywedodd hi'r un gair. Edrychodd Kevin ar ei oriawr.

'Mi gei di 'ngwasanaeth i am hanner can munud a dim mwy,' meddai, gan osod y cylchgrawn teledu i lawr ar y bwrdd coffi. 'Mae 'na ffilm dwi isio'i gweld ar y teledu wedyn.'

'O? Pa ffilm?' gofynnodd Sandra a Lynda efo'i gilydd.

'Ffilm Indiana Jones,' atebodd Kevin.

'Www! Harrison Ford!' meddai Lynda. 'Dwi'n 'i hoffi fo.'

'Mi hoffwn innau weld honno,' mentrodd Sandra. 'Dwi wedi clywed fod y rheini'n ffilmiau difyr iawn.'

'Reit, 'te,' meddai Kevin, gan godi ar ei draed a rhwbio'i ddwylo yn ei gilydd. 'Mae Mam wedi gwneud y pethau cymhleth i gyd, felly os awn ni ati fel slecs am dri chwarter awr, siawns na fedrwn ni gael popeth yn barod cyn i'r ffilm ddechrau.'

Ac felly y bu. Roedd y tri ohonynt yn eistedd yn gyfforddus o flaen y teledu, efo llond mŷg o goffi bob un a phaced o fisgedi siocled i'w rhannu, mewn da bryd i weld y ffilm yn cychwyn. Ac os nad oedd popeth wedi ei wneud yn union fel y buasai Mam wedi ei wneud ei hun, wel, fe allai hi newid pethau i siwtio'i hun pan ddeuai hi adref.

Roedd y ffilm yn agosáu at ei therfyn pan ddaeth Mam yn ei hôl, ond gan fod y tri wedi ymgolli yn yr olygfa gyffrous ar y pryd, chymerodd yr un ohonyn nhw fawr o sylw o'i hesboniadau dros fod mor hir. Roedden nhw'n falch, fodd bynnag, fod Mr Hughes wedi dewis peidio â'i danfon hi i'r tŷ. Roedd Lynda'n amau'n gryf ei fod o y teip o ddyn fuasai'n mynnu siarad ar draws pob ffilm.

Erbyn i Carol ac Emyr a'r bechgyn ddod i'r tŷ ddeng munud yn ddiweddarach, roedd y ffilm drosodd a Mam yn ôl yn ei ffedog a'i hesgidiau fflat yn brysur efo'r salad. Sylweddolodd Sandra a Lynda ar yr un foment nad oedd ond hanner awr cyn i bawb ddechrau cyrraedd, ond Sandra oedd y gyntaf i'r ystafell ymolchi, efallai am nad oedd hi wedi helpu Kevin a Lynda i gladdu'r paced bisgedi.

Roedd Kevin ar y ffôn yn y parlwr, felly aeth Lynda i'r gegin i gynnig helpu ei mam. Rhoddodd Mam lond bocs o domatos iddi a dywedodd wrthi am eu torri'n chwarteri a'u gosod yn ddel ar ben y letys. Aeth Lynda gam ymhellach. Torrodd y tomatos ar ffurf blodau fel y'i dysgwyd yn yr ysgol erstalwm. Torrodd y ciwcymbyr yn siapiau del hefyd a diau y buasai hi wedi meddwl am rywbeth creadigol i'w wneud efo'r seleri oni bai iddi glywed sŵn Sandra'n ymadael â'r ystafell ymolchi. Goleuodd hi i fyny'r grisiau rhag i neb arall gyrraedd o'i blaen.

Doedd dim amser bellach iddi olchi ei gwallt, fel yr oedd hi wedi bwriadu. Roedd hi wedi pacio ffrog strêt, un o'r rhai a gadwai hi ar gyfer ei pherfformiadau cyngerdd ac roedd hi wedi meddwl plesio Carol a Mam trwy wisgo honno a thrwy adael ei gwallt yn naturiol i gyfarch y teulu heno. Ond rŵan doedd dim modd golchi'r jel allan o'i gwallt a'i sychu mewn pryd.

Yn ôl yn ei llofft wedi golchi ei hwyneb yn lân, agorodd Lynda ei bag i estyn y ffrog, a beth welodd hi ond y dillad roedd hi wedi eu tynnu oddi amdani yn yr orsaf fysiau yng Nghaer ar ei ffordd adref echdoe. Roedd yna grys-T o *lycra* du efo llewys hir a dim cefn o gwbl, fel nad oedd posib gwisgo bra oddi tano, y trowsus lledr tyn efo tsiaeniau a roes y fath fraw i Mam ym

Mangor, a choler o ledr du trwm efo sbeics metel yn gwthio ohono fel coler ci mewn cartŵn.

Efo chwerthiniad bach chwareus, penderfynodd Lynda roi rhywbeth i'r cwmni siarad amdano heno. Gadawodd y ffrog las barchus yng ngwaelod y bag a gwisgodd y crys-T, y trowsus a'r goler. Yna, rhoddodd lond llaw o jel ychwanegol ar ei gwallt i'w dynnu i sbeics llawer uwch a mwy niferus na'r rhai fu ganddi gynt, ac ailgolurodd ei hwyneb efo haenen o bowdwr gwyn, stribedi o liw pinc a phiws a melyn ar ei llygaid a'i bochau, a digonedd o lipstic du, sgleiniog ar ei cheg.

Fe'i hedmygodd·ei hun yn y drych. Petai Andy yma'r funud hon, fe fyddai'n amhosib iddo gadw'i ddwylo oddi arni. Ac ar waethaf ei fygythiadau i alw Shirley'n ôl i gadw tŷ iddo, gwyddai Lynda wrth edrych arni hi'i hun y byddai ganddo groeso gwresog iddi pan ddychwelai hi ato yfory.

Daeth cnoc ar ddrws ei llofft. Emyr oedd yno, yn gwisgo crys oedd yn amlwg wedi ei dynnu'n newydd sbon o'r bocs. Safodd yno'n gegagored am rai eiliadau nes i Lynda dosturio wrtho a gofyn beth oedd arno ei eisiau.

'Y . . . Y . . . Y . . . dwi'n mynd allan i'r car rŵan i nôl y lysh, os wyt ti isio dŵad efo fi i nôl y peth arall 'na.' Amneidiodd i gyfeiriad yr ystafell nesaf lle'r oedd llais Carol i'w glywed yn ceisio dwyn perswâd ar Guto i gael cribo'i wallt.

Roedd hi'n oer iawn allan a Lynda'n difaru na fu iddi feddwl estyn ei siaced ledr. Agorodd Emyr ddrws ffrynt y Metro iddi gael gafael ar ei choeden a'r bocs siocled, cyn mynd rownd at y gist i nôl y bagiau diod. Y cynllun oedd mynd â'r cwbl i'r pantri nes eu bod yn barod amdanynt.

Y funud honno clywyd sŵn car yn rhuo ac yn tagu ei ffordd i fyny'r lôn gul, a throdd Lynda, a'r planhigyn yn ei breichiau i weld Cortina hynafol Yncl Gwil yn dynesu. Nhw oedd y cyntaf i gyrraedd bob blwyddyn am eu bod yn mynnu i Anti Doris gael y gadair fwyaf cyfforddus yn y parlwr oherwydd ei chryd cymalau.

Cymerodd Lynda un o'r bagiau o'r siop ddiodydd yn ei law sbâr i helpu Emyr, ac yna safodd yn ei hunfan i ddisgwyl am ei modryb a'i hewythr, gan na hoffai droi ei chefn arnynt a mynd i'r tŷ. Bu'n rhaid iddi hi ac Emyr sefyll yno fel dwy ddelw am beth amser tra bu Yncl Gwil yn cymryd ei amser i barcio'r Cortina a cherdded rownd i roi help llaw i'w wraig i wthio'i ffordd allan o'r car. Ond wedi i'r broses hon gael ei chwblhau, cymerodd Anti Doris ei ffon yn ei llaw a chychwynnodd y ddau ohonynt am y tŷ heb dorri gair â'r pâr ifanc amheus yr olwg wrth y Metro. Roedden nhw bron iawn â mynd heibio iddyn nhw pan roddodd Lynda wên fawr arnynt i'w cyfarch.

'S'mai!' meddai Yncl Gwil, gan hanner codi ei het ar y dieithriaid rhyfedd. 'Noson oer eto.'

'Tydi hi'n oer, deudwch, Yncl Gwil?' meddai Lynda, oedd yn dechrau ei mwynhau ei hun. 'Sut ydach chi'ch dau? Mae'n ddrwg gen i na fedra i ysgwyd llaw, ond mae gen i lond fy nwylo, braidd. Dewch i'r tŷ imi gael rhoi croeso iawn i chi.'

Safodd y ddau yn eu hunfan, Anti Doris â'i ffon yn yr awyr. Peryg y byddai hi wedi neidio yn ei hôl mewn dychryn petai hi'n medru neidio.

'Lynda?' gofynnodd mewn llais egwan, a'r ffon yn crynu.

'Ie, siŵr. Gwyliwch rhag ofn ichi lithro, Anti Doris. Mae hi'n dechrau b'rugo ac mae'r hen lwybr 'ma'n beryglus. 'Rhoswch imi fynd â'r pethau 'ma i'r tŷ ac mi ddo i'n ôl i'ch helpu chi. Rydach chi'n cofio Emyr, gŵr Carol, yn tydach?'

Ond roedd hi wedi colli'r gallu i siarad, dros dro o leiaf. Dim ond ar ôl iddi lusgo'n boenus o araf i'r gegin y trodd hi at Mam i ddweud ei thamaid:

'Neno'r tad, Olwen,' meddai hi yn ei llais cwynfanllyd arferol, 'be haru ti'n gadael i'r eneth 'ma wneud ei hun i edrych fel gwrach ddua uffern? Mi ddychrynodd yr enaid allan ohona i yn y tywyllwch.'

'Duwcs, Doris, tydi hi dros ei deunaw oed,' atebodd Mam dan wenu. 'Wna i ddim deud 'mod i'n hoffi ei dull, ond does gen i mo'r hawl i ddweud wrthi hi beth i'w wisgo, a chymerai hi ddim sylw ohona i petawn i'n ddigon o ffŵl i fentro.'

'Fasa hi ddim yn meiddio gneud y fath sioe ohoni ei hun petai'i thad hi yma,' meddai Anti Doris cyn troi i hercian tua'r parlwr, a doedd y jôc ddim mor ddigri wedyn.

Dechreuodd pawb gyrraedd yn un haid ar ôl hynny. Yr un hen wynebau bob blwyddyn. Aeth pob un yn ei dro drwy'r gegin ac at ddrws y parlwr lle safai Carol i dderbyn eu cyfarchion a'u hanrhegion. Edrychai'n bictiwr yn ei ffrog newydd ffasiynol, un biws llachar efo llewys bychain a sgert gwta. Roedd Lynda'n amau fod ei chwaer fawr yn mwynhau'r munudau yma'n fwy nag unrhyw funudau eraill yn y flwyddyn, a hyd yn oed petai hi wedi gwybod am y parti a drefnodd Emyr, efallai y byddai hi wedi dewis disgleirio fel brenhines ymhlith y cwmni bach gwledig yma yn Nhyddyn Ucha' yn hytrach na bod yn ddim ond un ymhlith criw mawr o ferched ffasiynol mewn gwesty crand yn Surrey.

Gwenai Carol o glust i glust wrth iddi dorri gair bach cwrtais efo pob un wrth dderbyn eu parseli a'u hagor efo ebychiadau bach o bleser. Cyn pen dim roedd y bwrdd wrth waelod y grisiau'n llwythog o fenig a phowdwr talcym a fframiau-dal-lluniau, pob peth wedi ei osod yn ofalus efo'r cerdyn priodol wrth ei ochr.

Roedd pawb i'w gweld wedi cyrraedd erbyn hanner awr wedi chwech a Mam yn dechrau swnian isio i bawb ddechrau bwyta gan fod rhai o'r plant yn mynd dros ben llestri yn y parlwr bach. Gwelodd Lynda ei chyfle ac aeth i'r pantri i nôl ei phlanhigyn. Yno roedd Emyr yn mwynhau tun slei o gwrw. Gwrthododd Lynda ymuno ag ef nes iddi gwblhau ei thasg.

'O, Lynda, mae o'n lyfli!' ebychodd Carol pan welodd hi'r goeden a'r potyn. 'Jyst y peth i'r *conservatory*.'

'Nid hwn ydi dy anrheg go iawn di, cofia, Carol,' dechreuodd Lynda esbonio. 'Dim ond rhywbeth bach i ddisgwyl. Mi wnes i adael . . .'

Ond tynnwyd sylw Carol gan rywbeth yn y gegin, rhywbeth digon annymunol a barnu wrth yr olwg arni. Ond llwyddodd i ailosod y wên ar ei hwyneb wrth i Mr Hughes agosáu efo parsel bach destlus yn ei law dde.

'Pen blwydd hapus i chi, Carol,' meddai, gan osod yr anrheg yn ei llaw. 'Welais i ddim golwg ohonoch chi i ddymuno'n dda ichi pan oeddwn i yma'r pnawn 'ma.'

'Y ... O ... Prysur yn trio difyrru'r bechgyn roeddwn i, mae'n siŵr,' atebodd hithau wrth iddi fustachu efo'r papur lapio.

'Maen nhw'n mynd mor biwis ar y diwrnod ar ôl 'Dolig, tydyn?' oedd sylw Mr Hughes. 'Pan oedd y mab 'cw'n fychan mi fyddwn i bob amser yn mynd â fo i Fanceinion i weld panto ar y diwrnod hwnnw, ac wedyn mi ddaru mwy a mwy o bobl y pentra ddechra dŵad efo ni nes ein bod ni'n gorfod cael bỳs. Synnwn i ddim nag ydyn nhw'n dal i ...'

'O, Mr Hughes, maen nhw'n lyfli,' meddai Carol ar ei draws, wedi datguddio pâr o glustlysau hardd iawn. 'Diolch yn fawr!'

'Rhaid imi gyfaddef fod eich mam wedi fy helpu i efo'r dewis,' meddai Mr Hughes wedyn. 'Finnau ddim yn eich nabod a heb fod wedi arfer prynu pethau fel hyn ar gyfer gennod ifainc.'

Rhoddodd Carol chwerthiniad bach nerfus wrth iddo ddiflannu i'r parlwr, oedd bellach dan ei sang. Sylweddolodd Lynda ei bod hi'n dal i gario'r planhigyn anferth a cheisiodd glirio cornel o'r bwrdd i wneud lle iddo.

'Ie, Carol,' dechreuodd eto, 'fel roeddwn i'n esbonio, mi adewais i dy anrheg di yn fy ystafell yn y coleg ac ...'

'Mae pawb yma rŵan, dwi'n meddwl, Carol,' meddai Mam, gan ymddangos o'r ystafell fwyta a thynnu'r ffedog binc, nad oedd yn gwneud dim i bwysleisio harddwch y ffrog goch ddeniadol a wisgai. 'Pawb ond teulu Ty'n Ffridd, ond fedrwn ni ddim disgwyl trwy'r nos amdanyn nhw.'

'Ffrog newydd, Mam?' holodd Carol.

'Na . . . wel, ia . . . hynny ydi, mi brynais i hi yn y sêls y llynedd ond dydw i ddim wedi cael cyfle . . . Mae hi dipyn yn rhy grand ac yn rhy isel yn y ffrynt ar gyfer parti yn y tŷ fel hwn, ond, wel . . .'

'Mae hi'n ddel iawn ichi, Mam,' meddai Carol i'w chysuro. 'Ac mae'r lliw yn gwneud ichi edrych yn iau, tydi, Lynda?'

'Ydi,' cytunodd hithau, heb edrych ar ei mam, bron. Doedd hi ddim am gadw Mam oddi wrth ei thasgau neu châi hi byth gyfle i orffen esbonio wrth Carol am ei hanrheg.

'Ie, beth bynnag, Carol,' dechreuodd unwaith eto wedi i Mam fynd i alw pawb at eu bwyd, 'mi gei di dy anrheg iawn yn y post unwaith yr a' i'n ôl i Fanceinion. Dwi ddim yn siŵr os ca i gyfle . . .'

Ond roedd hi wedi colli sylw Carol unwaith yn rhagor. Â'i cheg ar agor a mellt yn ei llygaid, syllai honno tua phen y grisiau lle safai Sandra yn edrych yn union fel un o sêr yr hen ffilmiau hynny oedd ar y teledu ar brynhawn Sadwrn. Roedd ei gwallt wedi ei 'sgubo i fyny'n gelfydd a'i ddal gan grib o risial y tu ôl i'w phen. Roedd grisial hefyd yn disgleirio yn ei chlustiau ac o gwmpas ei gwddf. Ond yr hyn a wnâi i Carol, a Lynda hefyd, ddal eu gwynt oedd y ffrog a wisgai.

Roedd hi'n anodd dweud beth oedd mor arbennig ynglŷn â'r ffrog. Doedd ei lliw ddim yn llachar—i'r gwrthwyneb, rhyw liw hufen euraid oedd iddi, ond fod rhyw wawr i'r deunydd sidan yn peri iddi dywynnu'n gynnes heb sgleinio. A doedd steil y ffrog ddim yn dangos llawer o groen noeth Sandra; doedd hi ddim yn dangos hanner cymaint o'i choesau ag a wnâi Carol na chymaint o'i bronnau â Mam, nac ychwaith gymaint o'i chefn â Lynda ei hun. Eto, roedd y deunydd fel petai'n gafael yn gariadus ym mhob modfedd o'i chorff, nes dangos ei ffurf llawn cystal â throwsus lledr a chrys-T di-fra Lynda. Doedd hi ddim yn ffrog y gellid ei gwisgo gan neb oedd yn cario owns o fraster, ond doedd yna'r un owns o fraster ar y Sandra newydd ysblennydd hon.

Rhuthrodd Lynda i fyny'r grisiau i gyfarch ei chwaer.

'O, Sandra, rwyt ti'n edrych yn grêt!' meddai, a gwenodd Sandra'r wên go iawn gyntaf a welodd Lynda ganddi er pan gyrhaeddodd Dyddyn Ucha' echdoe.

'Rwyt tithau'n edrych yn drawiadol iawn hefyd, Lynda,' oedd ateb ei chwaer.

'Fel gwrach ddua uffern, yn ôl Anti Doris,' meddai llais Carol fel cyllell o waelod y grisiau. 'Hon ydi'r ffrog roeddet ti'n sôn amdani ddoe?'

'Ie. Tydi hi'n hyfryd? Fedrwn i ddim peidio â'i phrynu hi.'

'Mae'n syndod gen i dy fod ti'n gallu fforddio ffrog fel yna, waeth faint o gyfieithu rwyt ti'n ei wneud,' meddai Carol yn eithaf cas. 'A dwi'n siŵr y byddai Yncl Gwil yn deud ei bod hi'n warth gwario arian mor fawr ar ddilledyn.'

Neidiodd Lynda i amddiffyn Sandra rhag tymer Carol.

'Wel, dwi'n siŵr y byddai Dad wedi mopio hefo ti petai o yma rŵan,' meddai.

Goleuodd wyneb Sandra. Gwyddai Lynda ei bod hi wedi dweud y peth iawn, am unwaith.

13

27 Rhagfyr

Roedd Olwen Le Grand wedi deffro efo'r cur pen mwyaf dychrynllyd a gafodd hi erioed. Teimlai esgyrn ei phen fel petaent yn rhy fawr i'r croen oedd amdanynt ac roedd hi'n boendod parhaus i orfod cadw ei llygaid ar agor. Ond y boen fwyaf oedd gwybod nad oedd ganddi neb na dim i'w feio ond hi'i hun am fod mor wirion ag yfed yr holl siampaen neithiwr wrth ddathlu pen blwydd Carol.

Wedi meddwl, roedd yna fai ar Emyr am brynu'r holl ddiodydd. Nid y siampaen, wrth gwrs, gan fod Olwen ei hun wedi prynu hwnnw fel y gwnaeth hi bob blwyddyn er y dathlu mawr ar ben blwydd Carol yn ddeunaw. Nid siampaen drud, dim ond y stwff rhataf a dim ond union ddigon i bob oedolyn yn y parti gael un gwydraid ar gyfer y llwncdestun cyn ymadael am hanner awr wedi wyth. Dyna oedd y drefn wedi bod ers blynyddoedd. Roedd Paul bob amser wedi galw am ddistawrwydd a chynnig y llwnc-destun am chwarter wedi wyth ac ar ôl y ddefod honno fe fyddai pawb yn mynd i chwilio am eu cotiau ac yn ffarwelio. Yn absenoldeb Paul, roedd Kevin wedi cyflawni'r gorchwyl hwnnw neithiwr, ac wedi gwneud yn ddel iawn hefyd.

Wrth gwrs, roedd dau o'r cwmni, sef Gwil a Doris, na fyddent byth yn derbyn y siampaen ac a fyddai'n mynnu gwneud sioe fawr o ofyn am lemonêd ar gyfer y llwncdestun. A thros y blynyddoedd daeth yn arferiad i Olwen a'r genethod rannu'r ychydig siampaen oedd yn weddill wrth glirio ar ôl pawb. Ond neithiwr, oherwydd na ddaeth teulu Ty'n Ffridd, ac am fod dau neu dri o rai eraill wedi gadael cyn y llwncdestun, roedd potel a hanner o siampaen ar ôl ar ddiwedd y parti.

'Dewch, ferched,' oedd geiriau Olwen wrth Sandra a Lynda, wrth iddynt brysuro efo'r llestri, 'waeth inni orffen y botel yma sydd ar ei hanner tra byddwn ni'n gweithio.'

'Ddim i mi, diolch, Mam,' atebodd Sandra. 'Dydw i ddim isio gwneud dim i andwyo fy stumog—mae hi wedi bod gymaint yn well heddiw.'

'Nac i minnau chwaith, Mam,' meddai Lynda, gan daflu'r lliain sychu dros ei hysgwydd a phicio i'r pantri. Dychwelodd efo tun o lager yn ei llaw a dechreuodd ei yfed. 'Mae'n well gen i un o'r rhain o stôr Emyr.'

A dyna sut y cadarnhawyd amheuon Olwen am ymddygiad Emyr yn ystod y parti. O'r munud y dechreuodd pawb gyrraedd roedd hi wedi sylwi arno'n sleifio allan yn achlysurol ac roedd hi wedi ei weld o'n dod yn ei ôl drwy ddrws y gegin ambell waith. Ac er na fuasai hi byth wedi medru ei gyhuddo o fod yn feddw, roedd rhywbeth ynglŷn â'i ymarweddiad, rhyw sglein yn ei lygaid a rhyw fwrlwm yn ei sgwrs, oedd wedi peri iddi amau ei fod wedi bod yn yfed. Rhoddai'r rhes o duniau cwrw gwag yn y pantri esboniad cyflawn iddi o'r hyn a fu'n mynd ymlaen.

Tra bu Olwen a'i dwy ferch ieuengaf yn golchi'r llestri, roedd Kevin ac Emyr wedi rhoi'r dodrefn yn eu holau. Yna, daeth y ddau ohonynt drwodd i nôl yr holl ddiodydd o'r pantri a'u gosod yn rhes ar fwrdd y parlwr, ac aeth Emyr i sefyll wrth y bwrdd i gynnig diod i bawb fel petai ef yn berchen y lle.

Chymerai Sandra ddim i'w yfed. Yn wir, roedd hi'n edrych yn welw dros ben a doedd neb yn synnu dim pan ddywedodd hi ei bod hi wedi blino'n arw a'i bod hi am fynd i'w gwely'n fuan er mwyn iddi gael gorffwys cyn ei siwrnai hir yn ôl i Ffrainc yn y bore. Wnaeth Olwen ddim ceisio ei rhwystro, er ei bod hi'n awyddus dros ben erbyn hynny i gael pawb ynghyd am dipyn. Fu Sandra erioed yn un am bartïon.

Dewisodd Lynda fwy o lager, cymerodd Kevin gwrw chwerw ac aeth Emyr â gwydraid o jin a thonic i fyny'r grisiau i Carol, oedd mewn tipyn o helynt yn ceisio cael Owain i gysgu. Gan fod Olwen wedi clywed droeon mai gofyn am drwbwl yw cymysgu diodydd, dewisodd fynd allan i'r gegin i nôl y botel siampaen oedd heb ei hagor; yn ddiarwybod iddi bron, roedd hi wedi gwagio'r llall wrth olchi'r llestri a chlirio'r bwrdd. A chan nad oedd neb ond hi'n yfed siampaen a'i bod hi'n resyn ei wastraffu, diwedd y gân fu iddi yfed y botel i gyd cyn diwedd y noson. Doedd ryfedd yn y byd ar ôl hynny iddi ymddwyn fel ffŵl neithiwr a'i bod yn dioddef efo'r cur pen cythreulig yma heddiw.

Y gwir oedd nad oedd Olwen druan wedi arfer yfed cymaint o ddiod feddwol. Fe fu cyfnod yn y chwedegau cynnar pan oedd hi a'i ffrind gorau, Glenys, yn mynd allan i dafarn yn gymharol reolaidd, er eu bod nhw bryd hynny dan oed. Dim byd cryf ofnadwy, wrth gwrs—Babycham i Olwen a phort a lemon i Glenys—a dim ond dau neu dri ar y mwyaf mewn noson. Ond yn weddol reolaidd, serch hynny; bob nos Fercher ar ôl ymarfer cydadrodd a phob nos Sadwrn cyn mynd i'r ddawns yn Neuadd y Dref. Am gyfnod byr yn unig y parhaodd y drefn honno, fodd bynnag, gan i Olwen gyfarfod Paul yn un o'r dawnsfeydd hynny a'i briodi'n ddeunaw oed, yn syth wedi iddi adael yr ysgol.

Doedd Paul ddim yn hoff iawn o ddiota, ac felly mewn chwarter canrif a mwy o fywyd priodasol, ni chafodd Olwen ond ambell wydraid o sieri neu Babycham mewn priodas, tipyn o siampaen ar ben blwydd Carol, a'i chyfran hi o'r hanner potel o win gwyn melys a brynai Paul bob blwyddyn pan âi'r ddau ohonynt allan am bryd i ddathlu pen blwydd eu priodas.

A rŵan roedd popeth wedi newid, ac Olwen dros y misoedd diwethaf yma wedi dod i arfer efo mynd allan am wydraid bach, o dro i dro, ac wedi dechrau meddwl ei bod hi'n medru dal ei diod. Ond doedd hi erioed yn ei byw wedi yfed cymaint ag y wnaeth hi neithiwr nac erioed wedi gorfod dioddef cur pen dieflig fel hyn. A hithau gymaint o eisiau pen clir y bore yma i'w galluogi i roi trefn ar ei meddyliau a gwneud ei hesboniadau'n hollol ddealladwy.

Bwriodd Olwen yn ei blaen felly â'i thasgau boreol, gan obeithio y cliriai ei phen wrth iddi wneud rhywbeth. Agorodd y llenni ym mhob ystafell i lawr y grisiau, cliriodd y lludw o'r lle tân yn y parlwr, gosododd dân oer yn y grât a huliodd y bwrdd ar gyfer brecwast. Ond roedd y cur yn ei phen yn mynnu ei sylw. Roedd pob smic o sŵn yn fyddarol ac roedd hi'n anodd canolbwyntio ar ddim o'r herwydd. Er iddi gychwyn ddwy-waith am y cwpwrdd dan grisiau i estyn sebon newydd ar gyfer yr ystafell ymolchi, lwyddodd hi ddim yn y dasg syml honno. A bu ond y dim iddi roi pryd o dafod i Owain a Guto oedd yn chwarae efo blociau wrth droed y grisiau.

Cofiodd Olwen efo cysgod gwên mor ddidostur fu hi bob amser efo'i phlant ei hun pan ddeuent at y bwrdd brecwast ambell fore Sul yn dal eu pennau ac yn ochneidio. Aeth pob un ohonynt, heblaw Sandra, drwy gyfnod o hel diod yn y dref ar nosweithiau Sadwrn—yn wir, lai na blwyddyn yn ôl âi Lynda drwy ei chyfnod gwyllt hi. Dim ond y Nadolig diwethaf roedd hi allan bob nos efo'i ffrindiau o'r Ffermwyr Ifainc ac ar nos

Galan roedd hi wedi ffonio am dri o'r gloch y bore i ofyn i'w thad ei nôl hi o rywle.

Ar waethaf y diddordeb mewn dillad a cholur go eithafol, roedd Lynda i'w gweld wedi callio'n arw ar ôl dim ond un tymor yn y coleg, wedi tyfu i fyny dros nos megis, ac mor barod i helpu yn y gegin. Ac er iddi fod gartref ers tridiau, doedd hi ddim wedi cysylltu efo'r un o'r cyfeillion gwyllt hynny fu'n peri cymaint o ofid i'w rhieni cyn iddi fynd i ffwrdd i Fanceinion.

Ac fel mae hi'n callio, meddyliodd Olwen, dyma finnau'n dechrau ymddwyn fel geneth ifanc wirion, yn yfed gormod ac yn ysu am newid a chyffro yn fy mywyd. A finnau'n bump a deugain oed, wedi cyrraedd fy ail blentyndod, mae'n rhaid, neu'n gwneud i fyny am yr un cyntaf a dorrwyd mor fyr.

Canodd y tecell a brysiodd Olwen i'w ddiffodd a gwneud te yn y tebot mawr cyn galw pawb at eu brecwast. Roedd blynyddoedd er pan âi o ystafell i ystafell fel hyn i ddeffro pob un yn ei dro efo paned o de a bisgeden. Ac eithrio Carol, oedd wedi rhyw led-ddeffro pan gododd y bechgyn, roedden nhw i gyd yn cysgu'n drwm, ac wedi dychryn braidd wrth gael ei deffro yn y fath fodd ar ddiwrnod o wyliau. Ond yr oedd Olwen yn benderfynol fod pob un ohonyn nhw i fod yn bresennol y bore yma i glywed yr hyn oedd ganddi hi i'w ddweud wrthynt.

Ei bwriad gwreiddiol oedd gwneud clamp o frecwast mawr o gig moch ac wyau a bara saim fel yr arferai hi ei wneud erstalwm. Ond pan grybwyllodd hi'r syniad amser cinio ddoe, gan fentro dweud y byddai'n syniad da i bawb gael brecwast iawn cyn teithio, ymatebodd pob un ohonynt fel petai hi wedi cynnig pryd o bryfed genwair iddyn nhw—heblaw Emyr, wrth gwrs. Canodd Sandra glodydd y brecwast cyfandirol, cyfeiriodd Kevin at *salmonella*, a rhoddodd Carol glo ar y testun trwy ddatgan nad oedd Owain a Guto'n hoff iawn o fwydydd wedi eu ffrio. Bryd hynny y sylweddolodd Olwen na fyddai modd iddi ddweud ei phwt wrth y bwrdd brecwast, beth bynnag, a'r ddau fachgen bach yno'n glustiau i gyd.

Ei chynllun newydd hi felly oedd cael brecwast drosodd yn reit handi ac yna hel Emyr i rywle efo'r bechgyn iddi hi gael casglu ei phlant ati am sgwrs. A'i stumog fel yr oedd hi'r bore yna, roedd hi'n falch fod y cynllun wedi newid, gan na fyddai hi'n croesawu gorfod sefyll dros badell ffrio seimllyd yn ei chyflwr presennol. Cymerodd Olwen ddwy dabled lladd poen a dywedodd wrthi ei hun y byddai'n siŵr o deimlo'n well wedi iddi gael rhywbeth i'w fwyta.

'Ewch i fyny i olchi'ch dwylo rŵan,' meddai hi wrth ei dau ŵyr bychan, 'a dwedwch wrth bawb fod brecwast yn barod.'

Trodd Owain ar ei sawdl ar unwaith ac roedd o hanner y ffordd i fyny'r grisiau ymhen chwinciad. Dilynodd Guto ef yn araf a phwrpasol, nid yn gymaint oherwydd fod ei goesau'n fyrrach, er bod hynny'n wir, ond am nad oedd brysio'n cydfynd â'i natur. Ar ben y grisiau, trodd y bychan i wenu i lawr arni a gwenodd hithau'n ôl, gan feddwl am y canfed tro'r Nadolig hwn mor debyg oedd ei wên fach ef i wên Paul. Er iddo etifeddu natur fyrbwyll ei fam, tynnai Owain ar ôl ei dad o ran pryd a gwedd, tra oedd Guto'n edrych yn debyg i'w fam a hithau yn ei thro'n debyg i'w thad.

Roedd y tair merch yn debyg i Paul ond Carol oedd y debycaf, wedi etifeddu nid yn unig y pryd tywyll, tywyll a'r esgyrn hirion a gawsai ef gan ei dylwyth Ffrengig, ond hefyd lawer o'i symudiadau bach nodweddiadol a'i wên gynnil, siriol. Ond nid oedd Carol wedi etifeddu natur ei thad—yn hynny o beth, roedd Sandra'n debycach i Paul, yn ddistaw a myfyrgar gyda thuedd i fagu ei phroblemau nes iddynt ei gorchfygu. Er nad oedd ond ifanc, ymddangosai Guto fel petai ef am fod yn debyg i'w daid nid yn unig o ran pryd a gwedd ond o ran anian hefyd. Peth anodd iawn i Olwen oedd cadw Paul allan o'i meddyliau tra byddai'r bychan hwnnw o gwmpas i'w hatgoffa ohono'n barhaus.

Nid ei fod o byth yn bell o'i meddwl hi, hyd yn oed pan nad oedd hi'n Nadolig a phan nad oedd y plant i gyd gartre. Doedd ond mis er pan aeth Paul, wedi'r cwbl, ac nid oedd modd dileu chwarter canrif o atgofion mewn ychydig wythnosau.

Ac roedd rhai atgofion mor felys fel nad oedd arni eisiau eu dileu. Cofiai fel y bu iddi ei gyfarfod am y tro cyntaf yn y ddawns nos Sadwrn honno ym 1963. Allai neb nad oedd yno ar y pryd fyth ddeall y fath greadur rhamantus oedd Paul Le Grand yr adeg honno yng ngolwg geneth ifanc ddiniwed fel Olwen.

I ddechrau, edrychai mor wahanol i'r llanciau eraill oedd yn y ddawns. Meibion ffermydd oedd y rheini, bob un wedi gweithio oriau maith allan ym mhob tywydd trwy gydol yr wythnos ac wedi dod i'r dref ar nos Sadwrn i chwilio am hwyl syml, swnllyd. Edrychai Paul fel cyw o frid gwahanol iawn, a methodd Olwen â gweld nad oedd yntau, o dan y croen, ond mab fferm syml fel hwythau.

Y noson y bu i Olwen ei gyfarfod gyntaf, roedd Paul yn dig-wydd bod gartre ar ei wyliau o'r coleg ym Mangor, lle'r oedd ar ei flwyddyn olaf o'i hyfforddiant fel athro, ac roedd ei gefnder wedi ei gymell i ddod efo fo i'r ddawns. Ei hargraff gyntaf pan welodd hi'r gŵr ifanc tal, gosgeiddig hwnnw efo'r gwallt du, du a'r llygaid bychain brown oedd ei fod yn edrych yr un ffunud ag un o'r arwyr yn y nofelau rhamantaidd yr arferai hi eu darllen; roedd yn dal, yn dywyll ac yn olygus efo awgrym o'r tramorwr yn ei ymddangosiad. Roedd hi wedi mopio'i phen yn lân cyn iddynt erioed dorri gair â'i gilydd.

Efallai na fyddai'r argraff ramantaidd honno wedi parhau petai hi wedi dod i'w adnabod yn iawn o'r cychwyn, ond oherwydd swildod Paul, chafodd hi ddim cyfle i sgwrsio'n iawn efo fo am fisoedd. Cafodd ddawnsio efo fo ddwywaith y noson gyntaf honno a nifer o weithiau'r nos Sadwrn wedyn, ac yna welodd hi mohono am fwy na mis. Ni wyddai ddigon o'i hanes i wybod mai wedi dychwelyd i'r coleg yr oedd o. Drwy'r gaeaf hwnnw, bob tro y deuai ef adre dros y Sul, fe ddeuai i'r ddawns ar y nos Sadwrn ac fe ddawnsiai efo Olwen, heb iddo erioed fagu digon o hyder i sgwrsio efo hi nac i ofyn iddi fynd allan efo fo.

Wrth gwrs, wyddai hi ddim ar y pryd am ofynion ei gwrs coleg, ac ni wyddai hi chwaith mai ei swildod a berai iddo fod mor ddi-sgwrs efo hi. Iddi hi, yn eneth ifanc wirion roedd y gaeaf hwnnw'n gyfnod cyffrous dros ben, gan nad oedd hi'n gwybod pryd y gwelai hi ei harwr eto nac yn wir a fyddai hi byth yn cael y cyfle i ddod i'w adnabod yn iawn. Ychwanegodd yr holl ansicrwydd at ei hargraff ramantaidd ohono.

Roedd Glenys, ei ffrind gorau, yn cytuno fod yr holl beth yn hynod o ramantus.

'Mae'n rhaid ei fod o'n dy ffansïo di,' meddai wrth Olwen pan oedd honno'n crio un nos Sadwrn am nad oedd Paul wedi dod i'r ddawns, 'neu fasa fo ddim isio dawnsio efo chdi o hyd. A beth bynnag, mi fedra i ddeud wrth y ffordd y bydd o'n edrych arnat ti o bell, weithiau. Ella'i fod o ar dân isio dy nabod di'n well ond fod ganddo fo ryw gyfrinach ofnadwy sy'n ei rwystro fo rhag mynegi ei deimladau.'

'Pa fath o gyfrinach ofnadwy?' gofynnodd Olwen drwy ei dagrau.

'Wn i ddim. Gwraig mewn ysbyty meddwl neu rywbeth felly.'

'Paid â bod yn wirion,' chwarddodd Olwen. 'Mae o'n llawer rhy ifanc.'

'Wel, ei fam o yn y carchar am ladd ei dad o, 'te. Neu, ei dad yn fethdalwr. Neu . . .'

'Taw â dy lol!' meddai Olwen wrthi, a chwarddodd y ddwy.

Ac eto, er ei bod yn gwybod mai dim ond gwamalu yr oedd Glenys i'w rhwystro rhag crio, allai Olwen ddim llai na theimlo y gallai fod rhyw wirionedd yn theori ei ffrind. Roedd rhywbeth ynglŷn â Paul Le Grand, heblaw ei enw estron, a awgrymai fod yna ryw ddirgelwch yn perthyn iddo. Tyfodd ei statws fel arwr fwyfwy yn ei meddwl. Ac yna, pan fagodd Paul, ddechrau gwyliau'r haf, ddigon o hyder i ofyn iddi fynd allan efo fo, fe ddywedodd dipyn o hanes ei rieni wrthi, ac o'r diwrnod hwnnw ymlaen roedd o wedi ei selio ar ei dychymyg ifanc fel y creadur mwyaf rhamantus dan haul.

Wedi mynd i weld ffilm yr oedden nhw, ffilm am y rhyfel, pan esboniodd Olwen dan chwerthin fel y cafodd ei bedyddio'n Olwen Victoria am iddi gael ei geni yn ystod dathliadau diwedd y rhyfel yn Ewrop. Yna esboniodd yntau sut y cafodd llanc o Gymro enw mor anghymreig â Paul Le Grand.

Wrth iddo adrodd yr hanes am ei fam yn mynd i Lundain i fod yn nyrs ym 1940, creodd Olwen ddarlun yn ei meddwl o wyryf angylaidd o brydferth—un bryd golau, eiddil efo llygaid mawr glas, yn aberthu popeth er mwyn ei chyd-ddyn, yn mentro i blith milwyr clwyfedig heb gyfrif y gost i'w hiechyd brau hi ei hun. Bu'n nyrsio milwyr ag anafiadau difrifol a anfonwyd adref o faes y gad i gael llawdriniaeth, meddai Paul, ac yno y cyfarfu â'i dad, milwr Ffrengig a glwyfwyd rai wythnosau cyn cyflafan Dunkirk ac a gludwyd i Lundain oherwydd iddo gael anaf cymhleth i'w ben-glin. Mae'n rhaid ei fod o wedi gwella'n reit sydyn, oherwydd cyn pen blwyddyn roedd y nyrs o Gymraes a'r Ffrancwr clwyfedig wedi priodi ac roedd Paul ar ei ffordd i'r byd. Yn sicr, erbyn 1944, roedd ei dad yn ddigon heini i gael ei anfon i ymladd yn Normandi, lle y bu farw.

Dychmygodd Olwen y weddw ifanc dorcalonnus honno'n gwerthu ei heiddo ac yn dychwelyd i gartref ei mebyd efo'i mab bychan pryd tywyll i'w chanlyn. Erbyn iddi gyfarfod mam Paul roedd y darlun hwnnw wedi ei wreiddio mor ddwfn yn ei hymwybod fel na allai ei ddileu'n llwyr, hyd yn oed wedi iddi ddarganfod fod ei darpar fam-yng-nghyfraith yn glamp o ddynes fawr, gyhyrog efo mwstas du, a honno mor hen fel nad oedd bosib iddi fod ddiwrnod yn iau na deugain oed pan gafodd Paul ei eni.

Sylweddolodd Olwen erbyn hyn, a hithau bellach yn bump a deugain oed, mai wedi ei dychmygu ei hun yn y sefyllfa ramantus honno yr oedd hi, ac mai dyna pam na allai hi byth ddeall sut y bu i fam Paul anwybyddu'n llwyr yr holl lythyrau oddi wrth deulu ei gŵr marw, heb geisio cael neb i'w cyfieithu na'u hateb fel y gallai hi feithrin perthynas â nhw. Y gwir oedd na fuasai mam Paul ddim balchach o dderbyn gwahoddiad i fynd

112

â'i mab bach i Ffrainc i weld ei nain a'i daid. Roedd yn well ganddi hi anghofio'r pwl o ffolineb a arweiniodd at ei phriodas a genedigaeth Paul ac, yn wir, erbyn iddi farw yn yr union ystafell lle y cafodd hi ei geni, roedd hi bron wedi llwyddo i'w darbwyllo ei hun mai rhyw freuddwyd ffŵl oedd y cwbl.

Doedd yr Olwen ifanc ramantus honno erioed wedi cyd-dynnu'n dda iawn efo Mrs Le Grand, a farnai fod Paul yn hurt bost i briodi mor fuan ar ôl gorffen yn y coleg a hynny ond ychydig fisoedd ar ôl iddo ddechrau canlyn yr eneth. Ond roedd Olwen ar goll mewn breuddwyd o ramant arwrol na ddeffrôdd ohoni'n llwyr am flynyddoedd.

Llais Guto a'i deffrôdd rŵan. Roedd o'n hepian crio am fod Owain wedi ei wthio yn ei frys i gyrraedd y bwrdd brecwast. Ar waethaf y dyrnu yn ei phen a achosodd ei lais, brysiodd ato i'w gysuro. Yna, rhoddodd ddysglaid o fwyd bob un iddo ef a'i frawd a thywalltodd baned arall o de iddi hi'i hun.

14

Carol oedd y gyntaf i ddod i lawr. Safodd yn nrws y gegin yn edrych ar Olwen yn bryderus. Doedd hi ddim wedi arfer gweld ei mam yn eistedd yn ei hunfan fel hyn yn y bore.

'Ydych chi'n iawn, Mam?' gofynnodd.

'Gormod o siampaen neithiwr, mae gen i ofn,' atebodd Olwen efo mymryn o wên.

'Mi wnaeth les ichi ymlacio,' meddai Carol. 'Roedd yr alwad ffôn yna gan Dad siŵr o fod wedi'ch ypsetio chi.'

'Ond chefais i ddim siarad efo fo, yn naddo?' protestiodd Olwen, wedi ei hatgoffa am ei cham. 'Fedrwch chi ddim beio'ch tad am ffonio i ddymuno Nadolig llawen ichi i gyd a phen blwydd hapus i Carol. Mae o'n dal i fod yn dad i chi a doedd dim angen i Kevin siarad fel yna efo fo.'

'Doedd dim isio iddo fo ffonio yma,' meddai Kevin, gan ymddangos yn y drws y tu ôl i'w chwaer, 'ddim ar ôl eich gadael chi fel yna heb reswm yn y byd. A dyna ddeudis i wrtho fo hefyd.'

'Ond dydach chi ddim yn deall . . .' dechreuodd Olwen, ac mi fuasai hi wedi dweud wrthyn nhw yn y fan a'r lle oni bai iddi sylwi fod llygaid mawr glas Owain yn syllu arni'n chwilfrydig drwy'r twll yn y wal. Waeth iddi heb â thrio'i darbwyllo ei hun na fydden nhw'n deall; fedrai hi ddim dweud o flaen y bechgyn bach.

'Mae yna bethau pwysig y mae'n rhaid inni eu trafod yn nes ymlaen,' ychwanegodd yn niwlog, gan godi o'i chadair a rhoi ei chwpan yn y sinc. 'Rŵan, 'te, dewch i gael eich brecwast.'

A dyna gyfle arall i esbonio, y gorau eto, wedi mynd heibio. Dyna fu'r hanes droeon yn ystod y tridiau diwethaf. Gwyddai Olwen trwy gydol yr amser mai gwneud esgusion yr oedd hi ac mai mynd yn anos a wnâi ei thasg gyda phob diwrnod a phob awr a âi heibio.

Y gwir oedd y dylai hi fod wedi cyfaddef ei bai'n agored wrth bob un ohonyn nhw o'r cychwyn cyntaf. Fe ffoniodd neu fe ysgrifennodd y pedwar ar ôl i Paul fynd, ond pan ffoniodd Carol a Kevin yn syth wedi iddyn nhw dderbyn eu llythyrau oddi wrth Paul, nid oedd Olwen yn gwybod nad oedd unrhyw fanylion yn y llythyrau hynny. Roedd hi mor hynod ddiolchgar nad oedd ei phlant wedi ei diarddel fel na wnaeth hi ddim deall ar y dechrau nad oedden nhw'n gwybod ei bod hi wedi gwneud dim o'i le. Dim ond pan dderbyniodd hi lythyr Sandra yn manylu air am air beth yn union oedd cynnwys llythyr ei thad y sylweddolodd Olwen nad oedd Paul wedi sôn yr un gair wrth y plant am y rheswm dros ei ymadawiad. Wedi methu wynebu'r gwirionedd, mae'n siŵr. Yn sicr, nid oedd wedi medru ei roi i lawr ar ddu a gwyn ar bedwar darn o bapur.

Wrth gwrs, fe allai Olwen fod wedi ymateb i lythyr Sandra, a galwad ffôn ddiweddarach Lynda, trwy ddweud y cwbl wrthynt. Fe allai hi fod wedi ffonio Carol a Kevin i esbonio.

Ond wnaeth hi ddim. Roedd hi eisoes wedi taro ar ei chynllun i ddweud y cyfan wrth y pedwar efo'i gilydd yn y cnawd dros wyliau'r Nadolig. Trwy wneud hynny, roedd hi'n siŵr o gael ei phlant i gyd efo hi un waith eto, o leiaf.

Tan yr wythnos yma, roedd hi wedi meddwl y byddai hi'n haws paratoi un araith fechan a'i thraddodi un waith i'r pedwar efo'i gilydd, ond bob tro y deuai hanner cyfle i wneud hynny, fe ddychmygai eu hwynebau'n newid pan glywent sut y bu iddi hi ymddwyn, a byddai hithau'n dod o hyd i esgus dros ohirio eto.

A rŵan roedden nhw i gyd yn mynd yn ôl at eu bywydau a'u ffrindiau eu hunain. A doedd hi ddim wedi dweud. Roedden nhw'n dal i gredu fod Paul wedi ymddwyn fel dihiryn. Er ei fwyn ef, er mwyn pawb, roedd yn rhaid iddi esbonio nad felly y bu hi.

Doedd hi ddim wedi meddwl ei frifo fo na'r plant. Ond rywsut, dros yr holl flynyddoedd, roedd Paul yn raddol wedi diosg pob gronyn o'r rhamant yr oedd yr Olwen ifanc wedi ei lapio amdano, ac wedi ymddangos o'r diwedd iddi fel ag yr oedd o, yn ddyn hynod o gyffredin oedd yn hoff o bethau syml bywyd. Cerdded am oriau bwy gilydd hyd y llethrau'n gwylio adar ac yn sylwi ar y newidiadau tymhorol yn y grug a'r rhedyn, helpu'r plant efo'u gwaith llaw a'u problemau, eistedd wrth y piano am gyfnodau maith yn canu'r un hen diwn. Roedd Paul yn fodlon ar ei fyd.

Ond er na chyfaddefodd hi hynny, hyd yn oed wrthi hi'i hun, roedd Olwen wedi bod yn anfodlon erstalwm. Pan oedd y plantos yn fân, doedd dim amser i'w sbario, ac roedd hi'n hapus. A phan ddeuai awr brin o lonydd, fe allai hi ddianc o barlwr unig Tyddyn Ucha' trwy wylio rhaglen deledu am fyddigions yr oes o'r blaen neu trwy ddarllen nofel am ramant a chyffro mewn rhyw wlad bell. Ond wedi i'r plant fynd fesul un dros y nyth, gadawsant wacter yn ei bywyd na allai na llyfrau na set deledu mo'i lenwi. Pan ddywedodd wrth Paul ei bod hi'n ei chael hi'n ddiflas yn y tŷ ei hun, y cwbl a wnaeth oedd ei hargymell i brynu ci bach y gallai hi fynd ag ef am dro. Aeth cyn belled â holi rhai o'r ffermwyr lleol ynglŷn â'r mater cyn iddi ei atgoffa nad oedd hi'n rhyw hoff iawn o gŵn.

Ystyriodd Olwen fynd allan i weithio, gan ddechrau edrych ar y golofn swyddi yn y papur lleol bob wythnos. Ond, a hithau heb erioed weithio am gyflog yn ei bywyd, roedd hi'n ansicr iawn o'i galluoedd. Y cwbl y medrai hi ei wneud mewn gwirionedd oedd cadw tŷ a choginio, a doedd dim galw am weithwyr efo'r sgiliau hynny yn oes yr holl beiriannau golchi a glanhau.

Meddyliodd wedyn y byddai hi'n braf cael gwyliau tramor, a chododd y mater efo Paul. Cytunodd y gallen nhw bellach fforddio gwyliau bob haf, rhywbeth a fu'n amhosibl gynt efo pedwar o blant. Roedd yn rhaid cynnig i Lynda ddod hefyd, ond fe ddywedodd honno'n syth nad oedd arni eisiau mynd ar ei gwyliau efo'i rhieni. Ar ôl cryn dipyn o drafod, daeth Paul â swp o gylchgronau gwyliau adre efo fo i'w hastudio efo Olwen, ond buan y darganfu'r ddau fod ganddynt syniadau gwahanol iawn am y lleoedd yr hoffent ymweld â hwy. Breuddwydiai hi am fynd i Sbaen neu i wlad Groeg i fwynhau'r haul yn ystod y dydd a'r adloniant gyda'r nos. Byddai'n well ganddo ef fynd i Baris i weld Sandra neu i Vienna i glywed y gerddoriaeth. A thra oeddynt yn dal i drafod y posibiliadau aeth un haf hir arall heibio yn Nhyddyn Ucha'.

Yn ystod yr haf hwnnw y daeth Olwen i adnabod Tecwyn. Roedd hi'n gwybod ei fod o yno ers rhai misoedd, a hithau wedi gweld y mwg yn codi o'r corn a'r car glas yn teithio'n ôl a blaen ar y ffordd gul. Roedd hi hyd yn oed wedi codi llaw ar yrrwr y car hwnnw ac wedi sylwi fod ganddo fwstas a gwallt a fu unwaith yn goch.

Yna, tua dechrau gwyliau'r haf, daeth Tecwyn am dro heibio Tyddyn Ucha' pan oedd Olwen yn digwydd bod allan yn glanhau'r ffenestri. Roedd Paul wedi mynd allan i rywle ar y pryd a Lynda yn nhŷ un o'i chyfeillion, ac Olwen yn falch o gael rhywun i siarad efo fo. Roedd hi hefyd yn falch o gael cyfarfod ei chymydog newydd yn iawn o'r diwedd.

116

Sgwrs fer dros y clawdd gafwyd y bore hwnnw, ond roedd Olwen yn ymwybodol o'r cychwyn ei bod hi a Tecwyn am gyddynnu'n dda. Roedd o'n ddyn mor ddiddorol, mor barod ei sgwrs, mor llawn chwilfrydedd ynglŷn â phawb a phopeth o'i gwmpas. Roedd yn amlwg wedi dod i wybod mwy am rai o bobl y pentref mewn tri mis nag a wnaethai Paul mewn chwarter canrif. Ond wedyn, doedd gan Paul fawr o ddiddordeb yn neb oddi allan i'w deulu ei hun.

'Mi gefais i air efo'r dyn newydd o'r Tyddyn Isa' heddiw 'ma,' meddai Olwen wrth Paul wrth y bwrdd bwyd y noson honno.

'O?' oedd unig ymateb Paul.

'Mae o i'w weld yn ddyn neis iawn. Mae 'na rywbeth yn drist amdano fo, hefyd, wsti. Newydd golli ei wraig mae o.'

'O?'

'Meddwl oeddwn i y dylwn i efallai ei wahodd o draw rywbryd am swper. Mae o'n siŵr o fod yn unig.'

'Ie, iawn, os wyt ti isio ,' atebodd Paul, mewn llais oedd yn awgrymu nad oedd ganddo fo fawr o feddwl o'r syniad.

Ac felly, chafodd Tecwyn erioed wahoddiad i swper, ond serch hynny fe welodd Olwen ef yn weddol gyson yn ystod yr wythnosau canlynol yn mynd heibio wrth fynd am dro, ac fe aeth eu sgyrsiau dros y clawdd yn hwy ac yn hwy. Dechreuodd Olwen edrych ymlaen at ei weld yn dod i fyny'r lôn, gan geisio dyfalu pa stori ffraeth am ei fywyd cyffrous fyddai ganddo i'w chynnig iddi'r tro hwn.

Unwaith neu ddwy, daeth Tecwyn heibio pan oedd Paul gartref ac fe gafodd Olwen gyflwyno'r gŵr i'r cymydog newydd diddorol. Ond, rywsut, pan oedd Paul yno ni cheid yr un hwyl ar y sgwrs, fel petai syberwyd Paul yn amharu ar fywiogrwydd Tecwyn. Ond gan amlaf, fe ddeuai heibio pan oedd Paul a Lynda allan ac Olwen yn yr hwyl i wrando ar hanesyn neu rannu jôc.

Pan oedd yr haf drosodd a Paul wedi dychwelyd i'w waith, bu'n rhaid i Olwen wynebu'r profiad trychinebus o weld ei phlentyn olaf yn mynd i ffwrdd i'r coleg. Ar ôl i Lynda fynd, roedd hi mor unig fel y dechreuodd Olwen o bawb fynd am dro i geisio lliniaru rhywfaint ar boen y golled. Yn wahanol i Paul doedd hi byth yn troi i fyny am y llethrau unig ond yn dewis bob amser fynd i lawr yr allt lle'r oedd coed a nentydd a'r posibilrwydd, o leiaf, o weld rhywun i dorri gair efo fo. A bron yn ddi-ffael, wrth iddi basio'r Tyddyn Isa' ar ei ffordd adre, fe fyddai Tecwyn yn dod allan at y gât i fwynhau mymryn o sgwrs.

Ac wedyn, un diwrnod, mi ddigwyddodd hi lawio'n sydyn fel yr oedd Olwen ar ei ffordd adre, ac fe fynnodd Tecwyn ei bod hi'n llochesu yn ei gegin ef wrth yr Aga nes i'r glaw fynd heibio. Dyna'r tro cyntaf i'r naill ohonynt groesi trothwy'r llall, ond ar ôl hynny, dechreusant alw yn nhai ei gilydd am baned wrth basio. Ac wedyn fe ddechreuodd y ddau gyfarfod am ddiod bach ym mar y Victoria bob amser cinio ddydd Gwener pan fyddai Olwen yn mynd i'r dre i siopa.

Ac yn ddistaw ond yn anorfod, rywsut, fe drodd ei chymydog newydd yn gyfaill, a chyn pen dim yn gariad. Ymhen mis wedi i Lynda fynd i Fanceinion roedd Olwen yn treulio rhan o bob diwrnod yng ngwely Tecwyn yn y Tyddyn Isa' cyn mynd adre i baratoi te amheuthun i Paul allan o euogrwydd. Ond ni sylwodd Paul ar y bwyd arbennig o dda a roddid o'i flaen nac ar y newid yn ei wraig, a edrychai'n hapusach ac yn iau nag y gwnaeth ers blynyddoedd.

Yna, ddechrau mis Tachwedd, fe ofynnodd Tecwyn iddi adael Paul a mynd ato ef i fyw. Doedd Olwen ddim yn siŵr a allai hi wneud hynny, byw tali dan drwyn ei gŵr, fel petai, ac eto nid oedd hi am fentro colli Tecwyn trwy ei wrthod yn fflat. Dywedodd ei bod hi'n fodlon dod i fyw ato, ond nid i'r Tyddyn Isa'. Gallai ddychmygu beth fyddai ymateb trigolion yr ardal petai hi'n symud allan o'i chartref a mynd i fyw efo'r dyndrws-nesaf. Ac, wedi'r cwbl, fyddai o ddim yn beth neis i Paul chwaith.

Ac yna, un prynhawn, fe aeth hi i'r Tyddyn Isa' a gweld fod Tecwyn yn wên o glust i glust.

'Mae gen i newyddion da,' meddai, gan ei thynnu i'r tŷ a'i chofleidio'n awchus.

'Wel, dywed wrtha i beth ydi dy newyddion di, 'te,' mynnodd hithau, ymhen munud neu ddau.

'Wedyn,' atebodd yntau, ei feddwl ar y funud honno'n unig, a'i frys i orffen tynnu amdani.

'Rŵan,' meddai Olwen. 'Fedri di ddim 'y nghadw i ar binnau ar ôl dweud wrtha i fod gen ti newyddion da.'

'Dyna wyt ti'n ei wneud i mi, yntê,' oedd ei ateb, ond roedd o'n gwenu wrth ei ddweud ac mi gytunodd i eistedd efo hi ar y soffa am funud i ddweud ei genadwri.

Dechreuodd trwy sôn am ei fêt, Wil, fu yn y llynges efo fo. Roedd Wil, mae'n debyg, wedi ennill arian mawr yn rhedeg ei gwmni gwres canolog ei hun yng Nghaer, ac yna wedi gwerthu'r busnes am gryn elw a gwario'r arian ar brynu gwesty bach yn Torremolinos. Dros y blynyddoedd roedd y gwesty bach wedi tyfu'n westy mawr iawn efo bron gant o staff yn gweithio yno yn ystod misoedd yr haf. Roedd Tecwyn wedi bod yno droeon yn aros efo Wil a Joyce a rhoddodd ddisgrifiad o atyniadau Torremolinos oedd yn tynnu dŵr o ddannedd Olwen.

'Problem Wil ydi fod Joyce wedi bod yn wael iawn y misoedd dwytha 'ma,' esboniodd Tecwyn, 'ac mae o isio mynd â hi ar fordaith am ryw ddau fis iddi gael dod ati ei hun yn iawn. Mae'r staff yn medru rhedeg y lle'n iawn, ond dydi Wil ddim isio gadael y lle heb rywun i gadw llygad ar y staff. Mi wnaeth ofyn i mi fisoedd yn ôl a fuaswn i'n fodlon mynd ond doeddwn i ddim isio mynd a d'adael di. Beth bynnag, mae o isio gwbod rŵan iddo fo gael bwcio'r lle ar y llong, felly mi ffoniodd y bore 'ma, ac mi ddeudis i y buaswn i'n ei ffonio fo'n ôl heno. Felly, be amdani? Sut wyt ti'n ffansïo mynd i Torremolinos efo fi?'

'O, Tecwyn, wn i ddim be i'w ddweud,' meddai Olwen, a deimlai fel petai hi ar ganol breuddwyd hyfryd. 'Beth fuasai raid imi ei wneud?'

'Ychydig iawn, a deud y gwir. Dim ond bod yno. Mi fyddai raid inni fynd allan i Sbaen ryw ddau ddiwrnod ar ôl 'Dolig inni gael rhyw bythefnos yno cyn i Wil a Joyce fynd—er mwyn inni ddŵad i ddallt petha—ac wedyn cadw golwg ar y lle nes iddyn nhw ddod yn eu holau fis Mawrth. Rhyngot ti a fi a'r wal, mae 'na bosibilrwydd y bydd Wil yn chwilio am ryw gwpwl i fod yn rheolwyr ar y lle os na fydd iechyd Joyce yn gwella, ond rhywbeth i'r dyfodol ydi hynny. Y cwbwl rydw i eisio'i wybod gen ti heddiw ydi: wyt ti am ddŵad i Sbaen efo fi am dri mis ar ôl 'Dolig?'

Wnaeth Olwen ddim oedi i ystyried ymhellach:

'O, ydw,' meddai, a gafaelodd ynddo i'w gofleidio.

Roedd yna angerdd arbennig yn eu caru'r diwrnod hwnnw. Ac wedyn, ar ôl iddynt wisgo amdanynt a dychwelyd i'r gegin i fwynhau paned efo'i gilydd buont yn trafod eu cynlluniau mor hir fel y bu bron iddi fethu â dod adre cyn i Paul gyrraedd yn ôl o'i waith.

Arogl tôst yn llosgi ddaeth â hi'n ôl i'r presennol. Hynny, a sŵn llais Guto bach yn gofyn am fwy o sudd oren. Daeth Olwen ati ei hun, taflodd y tôst du i'r bin ac estyn potel arall o sudd oren o'r oergell. Yna, cymerodd law Guto a'i arwain yn ôl i'r ystafell fwyta.

Roedden nhw i gyd yno bellach, yn prysur drafod eu trefniadau teithio. Mae ganddyn nhw i gyd eu bywydau eu hunain rŵan, meddyliodd Olwen. Hyd yn oed Lynda. Fe fydden nhw wedi eu siomi, wrth gwrs, ond doedd dim a wnâi hi'n cael fawr o effaith arnyn nhw, mewn gwirionedd. A hithau wedi diodde chwarter canrif o unigrwydd a diflastod er eu mwyn nhw, roedd ganddi hawl i gael dipyn o hwyl cyn iddi fynd yn rhy hen. Bwriodd i'r dwfn felly efo cam cyntaf ei chynllun.

'Rŵan 'te, fechgyn,' meddai hi wrth ei hwyrion bach, 'ydach chi'n cofio pwy oedd wedi methu dod i barti Mam neithiwr?'

Ysgydwodd y ddau eu pennau.

'Ddywedai'i wrthoch chi. Yncl Medwyn, Ty'n Ffridd, oedd

wedi methu dod, a wyddoch chi pam? Un o'i wartheg o oedd yn dod â llo. Ond nid jyst un llo, mi gafodd hi ddau lo bach. Ac mae Yncl Medwyn yn dweud fod croeso ichi fynd draw i'w gweld nhw'r bore 'ma.'

'Www! Gawn ni fynd, plîs, Mam,' gofynnodd Owain.

'Wel . . . ' dechreuodd Carol.

'Mi fuasai Dad yn medru mynd â chi tra bydd Mam yn pacio,' awgrymodd Olwen a doedd dim modd i Carol wrthod wedyn. Prin y cafodd Emyr lonydd i orffen ei frecwast, roedd y bechgyn ar gymaint o frys i fynd.

Unwaith roedd y car bach coch wedi cychwyn am Dy'n Ffridd, dechreuodd Olwen glirio'r bwrdd o gwmpas ei phedwar plentyn wrth iddynt fwyta tôst yn hamddenol. Doedd hi ddim eisiau i Emyr a'r bechgyn ddod yn eu holau cyn iddynt orffen golchi'r llestri. Teimlai bob munud yn awr, ond o'r diwedd fe gododd Lynda oddi wrth y bwrdd ac aeth â'i phlât a'i chwpan at Carol i'w golchi. Tynnodd Olwen y lliain oddi ar y bwrdd. Roedd yna farc jam arno. Byddai'n rhaid iddi ei roi yn y bag yn y llofft efo'r ychydig ddillad budron eraill na chafodd gyfle i'w golchi. Gallai eu golchi i gyd yn Sbaen drannoeth.

Edrychodd Olwen ar ei horiawr. Hanner awr wedi naw. Gyda lwc, fe fydden nhw i gyd wedi mynd erbyn un ar ddeg, oedd yn rhoi dwyawr iddi dwtio pob man a chwblhau pacio'r bagiau roedd hi wedi eu cuddio yn y wardrob cyn i Tecwyn ddod i alw amdani. Dim ots pa mor annifyr fyddai'r awr neu ddwy nesaf, y tric oedd edrych ymlaen a chofio y byddai hi yn Torremolinos efo Tecwyn erbyn heno.

'Paid â mynd yn bell, Lynda,' galwodd ar ei merch ieuengaf, oedd ar fin mynd i fyny'r grisiau. 'Dwi isio gair efo chi i gyd yn y parlwr.'

'Am be, deudwch?' gofynnodd honno.

'Mi gei di weld rŵan. Dos i'r parlwr at Kevin ac mi ddo i yno ar d'ôl di efo Carol a Sandra unwaith rydan ni wedi gorffen yn y gegin.'

Ond cyn i Olwen gyrraedd y gegin i weld a oedd ei dwy ferch hynaf yn barod, daeth llais Kevin o'r parlwr.

'Mam! Mam!'

'Be sy, Kevin bach?' gofynnodd yn gynhyrfus, gan ymateb yn reddfol i dôn ei lais a rhuthro ato.

Safai Kevin wrth ffenestr y parlwr, yn syllu allan i gyfeiriad y ffordd o'r Tyddyn Isa'. Am eiliad, ofnodd Olwen fod yna rhywbeth wedi digwydd i Tecwyn.

'Mae 'na gar heddlu'n dod yma,' atebodd Kevin, gan bwyntio allan drwy'r ffenestr.

'Wyt ti'n siŵr?' holodd ei fam.

'Ydw. Roeddwn i'n meddwl am dipyn ei fod o am fynd heibio ond yma mae o'n dod, yn bendant. Edrychwch, mae o'n stopio'r tu allan.'

Roedd y genethod i gyd yno hefyd erbyn hyn. A'u meddyliau'n llawn o syniadau hurt i esbonio'r ymweliad annisgwyl, safodd y pump ohonynt efo'i gilydd i syllu ar y ddau blismon yn agor drysau'r car ac yn camu ar draws y gwelltglas. Am yr eildro mewn pedwar diwrnod, bu raid i Olwen agor y drws ffrynt.

'Mrs Le Grand?' gofynnodd y plismon talaf, gan ynganu'r enw estron yn ansicr efo acen Gymraeg drom.

'Ie.'

'Gawn ni ddod i mewn am funud?' holodd hwnnw wedyn, a safodd Olwen o'r neilltu i'r ddau ohonynt gael mynd heibio.

'Y drws cyntaf ar y dde,' meddai hi wrthynt. 'Y ... erbyn meddwl, mae 'mhlant i i gyd yn yr ystafell yna ... hynny ydi, dydyn nhw ddim yn blant, maen nhw i gyd wedi tyfu i fyny. Ond os ydych chi isio gair efo fi ar y 'mhen fy hun, efallai y byddai hi'n well inni fynd ...'

'Na, fe fydd hi'n well inni siarad efo chi i gyd efo'ch gilydd,' meddai'r plismon tal eto. Rhyw greadur bach nerfus yr olwg oedd y llall. Doedd gan yr un ohonynt streipiau ar eu hysgwyddau ond roedd yr un talaf yn amlwg yn llawer mwy profiadol na'i gydymaith. Safodd yn nrws y parlwr nes i Olwen

fynd i mewn, ac wedyn rhoddodd arwydd bach ar i bawb
eistedd.

'Mae gen i ofn mai newyddion drwg sydd gen i ichi i gyd,'
meddai wedyn. Parhâi i sefyll wrth y drws. 'Does yna ddim
ffordd hawdd i'w dorri o ichi. Mae'n ddrwg gen i orfod dweud
wrthych chi, Mrs Le Grand, fod eich gŵr wedi ei ddarganfod yn
farw y bore yma mewn gwesty yn Lerpwl.'

Rhwygwyd yr awyr yn y parlwr gan sŵn y pump ohonynt
yn cymryd un anadl ddofn gan ddychryn. Ond ni ddywedodd
neb air. Camodd y plismon tal ymlaen ac eisteddodd ar y gadair
wrth y drws, gan wneud arwydd awdurdodol ar i'w gydymaith
ifanc fynd i eistedd wrth y bwrdd.

'Mae'r arwyddion cyntaf yn awgrymu mai ei ladd ei hun
wnaeth o,' ychwanegodd wedyn, 'ond bydd yn rhaid gwneud
nifer o ymholiadau cyn cadarnhau hynny, wrth gwrs.'

Doedd gan Olwen ddim amheuaeth o gwbl nad ei ladd ei hun
wnaeth o.

'O, Mam!' meddai Carol, mewn llais bychan, gan droi i
wynebu Olwen efo llygaid oedd yn llawn dagrau.

Trodd y tri arall hefyd i edrych ar eu mam.

'Dad druan!' ebychodd Sandra, oedd mor welw fel yr ofnai
Olwen ei bod hi ar fin llewygu.

'Ond pam?' gofynnodd Lynda i'w mam.

Ac ni wyddai Olwen sut i'w hateb.

15

Ymhen ychydig funudau, roedd y pum aelod o deulu Paul Le
Grand wedi derbyn gwirionedd y newyddion syfrdanol a glyws-
sant, a phob un wedi ymateb iddo yn ei ffordd ei hun. Ymateb-
odd Carol trwy ddigio, Sandra trwy wylo a Lynda trwy holi llu
o gwestiynau nad oedd modd i neb eu hateb. Aeth Kevin yn
llonydd, mor llonydd fel nad oedd hi'n bosib ei weld yn anadlu,
ac aeth Olwen yn llipa.

Edrychodd ar bob plentyn yn ei dro, ond fedrai hi ddim meddwl am unrhyw beth i'w ddweud wrthyn nhw. O'r diwedd, trodd ei sylw'n ôl at y plismon tal. Adnabu hwnnw o hir brofiad y foment pan oedd y weddw wedi dygymod â'i ffawd a sythodd yn ei gadair cyn datgan y rhan nesaf o'i genadwri.

'Mi wnawn ni'n gorau i darfu cyn lleied arnoch chi â phosib yn eich galar, ond mae'n rhaid inni wneud rhai ymholiadau. Mae'r ditectif sydd â gofal am yr ymchwiliad ar ei ffordd yma o Lerpwl ac mi ddylai o gyrraedd ymhen rhyw awr. Yn y cyfamser, rydan ni ein dau, Cwnstabl Roberts a minnau, wedi cael gorchymyn i aros yma efo chi.'

'Rhag ofn fod un ohonom ni wedi picio i Lerpwl cyn brecwast i'w ladd o, mae'n siŵr,' meddai Carol yn gas.

'Carol!' gwaeddodd Olwen arni, fel ar gi anufudd. 'Mae'n ddrwg gen i, Mr . . . ?'

'Jones, Mrs Le Grand. Cwnstabl Jones. A does dim rhaid ichi ymddiheuro. Mae pawb yn ymateb yn wahanol i sioc.'

'Dim ond gwneud ei waith mae Cwnstabl Jones, Carol,' meddai Olwen, serch hynny. 'Nid ei fai o ydi . . .'

'Sut?' gofynnodd Lynda ar ei thraws, mewn llais annaturiol o uchel, fel petai hi'n gofyn cwestiwn o'r llawr mewn cyfarfod cyhoeddus. 'Sut gwnaeth o? Hynny ydi, sut gwnaeth o . . . ei wneud o?'

'Torri ei arddyrnau, Miss.'

Gwnaeth Sandra sŵn a fuasai'n sgrech oni bai ei fod mor ddistaw. Symudodd Kevin am y tro cyntaf; rhoddodd ei ddwylo i lawr wrth ei ochrau lle na allai eu gweld nhw.

'Ond fuasai Dad byth yn gwneud hynny, yn na fuasai, Mam?' meddai Carol yn ffyrnig. 'Roedd yn gas ganddo fo weld gwaed, yn doedd?'

Roedd y plismon ifanc wedi estyn ei lyfr nodiadau ar y bwrdd o'i flaen a dechreuodd ysgrifennu rhywbeth ynddo. Tawodd Lynda. Edrychodd Cwnstabl Jones ar ei gydymaith yn eithaf blin.

'Ga i fynd i wneud paned inni i gyd?' gofynnodd Olwen. Roedd yn rhaid iddi ddianc oddi wrthyn nhw a'u holi am dipyn.

'Hoffech chi i Cwnstabl Roberts wneud te i bawb?' holodd Cwnstabl Jones. 'Mae o dipyn o giamstar ar wneud paned.'

Caeodd y plismon ifanc ei lyfr nodiadau a'i roi yn ofalus ym mhoced ei diwnic cyn codi o'i sedd.

'Na, wir,' meddai Olwen, gan neidio ar ei thraed. 'Mi fedra i wneud fy hun.'

'Wel, mi ddaw Cwnstabl Roberts i roi help llaw i chi,' meddai Jones wedyn, gan amneidio ar y dyn ifanc. Roedd Carol yn amlwg ar fin dweud rhywbeth milain eto, ond brathodd ei thafod wedi i Olwen edrych arni i'w hatal.

Wedi cyrraedd y gegin, fe ganfu Olwen fod ei dwylo'n crynu gormod iddi fedru dal y tecell dan y tap i'w lenwi. Saethodd defnynnau chwim o ddŵr oer i bobman gan socian ei chôt weu a'i ffedog. Estynnodd Cwnstabl Roberts ei law i droi'r tap i ffwrdd.

'Mi wna i hyn'na,' meddai yn dawel, mewn llais hynod o ddwfn i ddyn mor nerfus yr olwg. 'Eisteddwch chi wrth y bwrdd ac mi gewch chi ddangos imi ble mae pob dim.'

Gadawodd Olwen iddo ei harwain at gadair, a gollyngodd ei hun iddi'n swp. Teimlai'n rhy ddiymadferth i dynnu ei ffedog na'i chôt weu, felly eisteddodd yno a gwylio Cwnstabl Roberts yn defnyddio'r cadach oedd wrth y sinc i sychu'r dŵr a gollwyd ac yna'n mynd ati'n ddi-lol i baratoi paned. Wnaeth o ddim gofyn ble'r oedd dim byd, dim ond agor cypyrddau'n ddistaw nes iddo ddod o hyd i bopeth yr oedd arno ei angen.

'Coffi sydd orau gan Sandra,' llwyddodd Olwen i ddweud, ond roedd yr ychydig eiriau hynny'n straen, ac yn fuan wedyn fe gollodd hi ddiddordeb yn y baned ac yn y gegin. Roedd hi'n meddwl am Paul, ac am y tro diwethaf iddi ei weld.

Nos Iau oedd hi. Y noson cyn pen blwydd eu priodas, dridiau ar ôl iddi gytuno i fynd i Sbaen efo Tecwyn. Er na ddywedwyd gair gan yr un ohonynt, gwyddai Olwen y byddai Paul wedi trefnu i fynd â hi allan i rywle'r noson ganlynol. Dyna oedd o

125

wedi ei wneud yn wastad ar ben blwydd eu priodas—ac eithrio ddwy flynedd yn ôl, wrth gwrs, pan oedd Carol wedi trefnu parti i ddathlu eu priodas arian. Y drefn arferol oedd i Paul gymryd arno ei fod wedi anghofio'r cwbl am yr achlysur nes i fore'r pen blwydd priodas ddod. Yna, wrth y bwrdd brecwast, byddai'n troi ati efo'i wên gynnil, yn estyn cerdyn iddi ac yn dweud wrthi am beidio â choginio pryd y noson honno. Ac yna, ar ôl iddo ddod adre o'r ysgol, fe fydden nhw'n cael paned o de a darn o gacen efo'i gilydd cyn ymolchi a newid a mynd allan i ryw westy am bryd o fwyd a hanner potel o win.

Nid i'r un gwesty y byddent yn mynd bob tro, ond yr un math o le'n ddi-ffael. Rhywle oedd yn gwerthu bwyd plaen am bris rhesymol a heb fod yn rhy lawn o bobl. Trwy fynd allan mor fuan gyda'r nos, gallent fod yn sicr o fwynhau eu pryd mewn heddwch a bod gartre erbyn naw o'r gloch.

Teimlai Olwen na allai hi wynebu'r ffârs o fynd allan am eu dathliad blynyddol dan yr amgylchiadau, a phenderfynodd ddweud y cwbl wrth Paul y nos Iau honno. Roedd hi wedi bod allan am ddiod bach efo Tecwyn amser cinio ac roedden nhw wedi trafod efo'i gilydd sut y dylai hi dorri'r newyddion a beth fyddai ymateb Paul. Roedd Tecwyn o'r farn y byddai Paul yn cymryd y peth yn ddrwg, ond roedd Olwen wedi ateb dan chwerthin y byddai o'n siŵr o bwdu am dipyn ac ymdrybaeddu mewn tipyn o hunandosturi, ond y byddai o wedyn yn mynd yn ei flaen hebddi yn union fel yr oedd o wedi gwneud dros yr holl flynyddoedd pan oedd hi yno. Nid ei bod hi'n credu na fyddai ei hymadawiad yn peri loes i Paul, ond roedd y ffaith nad oedd o wedi sylwi dim ar y newidiadau a fu yn ei hymddygiad yn ystod yr wythnosau diwethaf wedi ei chwerwi gymaint nes ei bod hi'n awyddus i herio unrhyw ymateb ganddo.

Ond wnaeth Paul ddim pwdu fel yr oedd hi wedi disgwyl, na chrio fel yr oedd hi wedi ofni. Fe eisteddodd yno'n ddistaw wrth y bwrdd bwyd ac fe wrandawodd arni'n dweud wrtho ei bod yn flin ganddi ond doedd hi ddim yn ei garu o ddim mwy; roedd hi'n caru Tecwyn ac roedd hi am fynd i ffwrdd i ddechrau

126

bywyd newydd efo fo. Ac yna, mi osododd Paul ei gyllell a'i fforc yn dwt ar ei blât, mi gododd oddi wrth y bwrdd ac mi gerddodd o'r ystafell yn ddistaw, yn urddasol, heb yngan gair o'i ben.

Roedd Olwen, ar waethaf ei geiriau ysgafn wrth Tecwyn, wedi disgwyl i'r holl beth fod yn llawer mwy echrydus. Roedd hi'n disgwyl i Paul ofyn iddi a oedd hi'n cysgu efo Tecwyn, ac ers pryd, ac roedd hi wedi hanner disgwyl iddo ailadrodd rhai o'r straeon hyll oedd yn mynd o gwmpas yr ardal am Tecwyn, straeon di-sail yn honni mai ei ymhél ef â merched oedd wedi prysuro'i wraig tua'r bedd. Roedd y straeon mor eang eu cylchrediad fel y gallai hyd yn oed Paul fod wedi eu clywed, ac roedd Olwen, a hithau wedi clywed ochr Tecwyn i'r hanes, yn barod i ymateb i bob cyhuddiad efo esboniad llawn. Ond ddywedodd Paul yr un gair, i holi nac i geryddu.

Wedi iddo fynd o'r ystafell fwyta, parhaodd Olwen i eistedd yno'n syfrdan wrth y bwrdd, yn ystyried p'un a âi ar ei ôl ai peidio, ac yna cododd o'i sedd, cliriodd y bwrdd, ac aeth i olchi'r llestri. Dywedodd wrthi ei hun y byddai Paul yn gwybod ble'r oedd hi pan fyddai'n barod i siarad efo hi. Y peth nesaf a glywodd hi oedd sŵn y drws ffrynt yn cau ac yna injan y car yn tanio. A phan aeth hi i fyny'r grisiau fe welodd hi ei fod o wedi pacio bag.

Wnaeth Paul ddim gadael nodyn, a wnaeth o ddim ffonio nac ysgrifennu at Olwen i ddweud ble'r oedd o. Aeth o ddim yn ei ôl i'r ysgol, er i'r prifathro dderbyn llythyr ffurfiol o ymddiswyddiad oedd wedi ei bostio rywle yng ngogledd Lloegr. Fe wagiodd Paul bob dimai o'r cyfrif yn y banc, a byddai Olwen wedi llwgu dros y mis a aeth heibio oni bai am yr arian a gawsai oddi wrth Tecwyn. Ond wnaeth Paul ddim ymdrech i gysylltu â hi ynglŷn â'r tŷ, efallai am mai ei chartre hi oedd o, y tŷ lle y cafodd hi ei geni a'i magu. Dim gair o gwbl am fwy na mis, ac Olwen bron o'i phwyll yn poeni amdano, ac eto'n brysur ar yr un pryd yn prynu dillad a gwneud trefniadau ar gyfer ei siwrnai i

Sbaen. Ac yna, yr alwad yna neithiwr, yr alwad na chafodd hi mo'i hateb, a Kevin yn siarad mor frwnt wrth ei dad.

Paul druan, wnaeth o ddim o'i le, dim byd penodol beth bynnag, ac eto roedd y plant i gyd wedi troi yn ei erbyn ac yn ei gyfrif yn ddihiryn, a hynny am nad oedd hi, Olwen, wedi dweud y gwir wrthyn nhw. Wrth gwrs, petai'r plismyn wedi cyrraedd bum munud yn ddiweddarach fe fyddai hi wedi esbonio'r cyfan wrthyn nhw. Ac wedyn fe fyddai'r pedwar ohonyn nhw'n gwybod y funud hon yr hyn yr oedd hi'n ei wybod, sef mai hi oedd ar fai am farwolaeth eu tad. Fyddai'r un ohonyn nhw'n medru maddau iddi byth wedyn.

Ond doedden nhw ddim yn gwybod. Dechreuodd Olwen weld llygedyn o obaith. Roedd hi'n rhy hwyr i achub Paul. Tybed a allai hi adael i'r gwirionedd ofnadwy farw efo fo a gadael i'r plant barhau i gredu mai rhyw salwch meddwl dychrynllyd oedd wedi peri i Paul redeg i ffwrdd a'i ddifa ei hun? Tybed?

'Nain! Nain!'

Torrodd y llais bach cynhyrfus ar draws distawrwydd annaturiol Tyddyn Ucha'.

'Nain! Mae 'na gar heddlu tu allan i . . .'

Tawodd Owain wrth weld y plismon o'i flaen, plismon go ryfedd efo tebot yn ei law. Rhuthrodd Emyr ar ei ôl efo Guto yn ei freichiau, yn amlwg wedi bod yn ceisio dal ei fab hynaf cyn iddo dorri ar draws beth bynnag oedd yn digwydd. Roedd y car oddi allan wedi ei rybuddio fod rhywbeth o'i le, a thristaodd ei wyneb ymhellach pan welodd ei fam-yng-nghyfraith.

Trodd Emyr i wynebu'r plismon, ac agorodd ei geg i'w holi. Ond roedd Carol wedi clywed llais Owain. Daeth i mewn i'r gegin fel corwynt a'i thaflu ei hun tuag at ei gŵr.

'Tydi o'n ofnadwy?' gofynnodd iddo. 'Fedra i ddim credu'r peth!'

'Dydi o ddim wedi clywed eto,' meddai Olwen wrth ei merch, a'i llais yn swnio'n hynod o oer ac amhersonol i'w chlustiau ei hun. 'Mae Paul wedi ei ladd ei hun, Emyr, yn ôl pob tebyg. Wedi torri ei arddyrnau.'

Wyddai Emyr druan ddim beth i'w wneud nac i'w ddweud. Pwysai Carol yn ei erbyn, eisiau cysur ei freichiau amdani, ond fedrai o mo'i chysuro efo Guto ar ei fraich dde ac Owain bellach yn dal ei law chwith. Ac roedd o wedi dychryn braidd fod Olwen wedi ei hanghofio'i hun gymaint yn ei thrallod nes iddi siarad fel yna o flaen y plant. Gobeithiai'n arw nad oedden nhw wedi deall.

'Dewch i'r parlwr efo Mam a fi,' meddai wrthynt.

'Dwi isio aros yn fa'ma efo'r plisman,' protestiodd Owain.

'Mae 'na blismon arall yn y parlwr,' atebodd Carol ef, gan droi i hel y ddau o'r gegin.

'Gymerwch chi de neu goffi?' gofynnodd Cwnstabl Roberts i Emyr. 'Roeddwn i ar fin mynd â phaned drwodd i bawb.'

'T . . . te, plîs.'

'A rhywbeth i'r plant?'

'Sudd oren. Mi wna i estyn peth o'r ffridj.'

'Na, mi wna i hynny. Fuasech chi'n medru helpu Mrs Le Grand yn ôl i'r ystafell arall, Mr . . . ?'

'Williams,' meddai Emyr, ac yna teimlodd Olwen ei freichiau cryfion yn gafael ynddi gerfydd ei hysgwyddau a'i llywio hi'n ôl i blith ei theulu. Oni bai am y cryndod yn ei choesau, mi fyddai hi wedi ysgwyd y breichiau mawr yna i ffwrdd.

Parhâi Cwnstabl Jones i eistedd wrth y drws, ac roedd o'n amlwg wedi gofyn i bawb am eu cyfeiriadau gan ei fod yn cael cryn drafferth efo cyfeiriad Sandra. Ar unrhyw adeg arall, fe fyddai ei ymdrechion efo'r Ffrangeg wedi bod yn ddoniol.

Rhoddodd ymddangosiad y te esgus i bawb ffwdanu drosto am dipyn, ond wedyn setlodd pawb unwaith eto i eistedd ac edrych y naill ar y llall, heblaw'r bechgyn bach oedd yn aflonyddu fwyfwy fel y ticiai'r munudau diderfyn heibio.

'Tybed a fyddai modd inni fynd â'r teledu drwodd i'r parlwr bach i'r hogiau gael ei wylio fo yno?' gofynnodd Emyr i'r Cwnstabl Jones.

'Cariwch chi ymlaen fel petaem ni ddim yma,' atebodd hwnnw efo gwên. 'Dydan ni ddim isio creu anhwylustod ichi o gwbl, dim ond aros o gwmpas a chymryd dipyn o fanylion i lawr ar bapur. Beth ydi enwau'r bechgyn, Mrs Williams?'

'Owain a Guto,' atebodd Carol yn ddigon swta, gan droi i arwain y bechgyn i'r ystafell nesaf. Pan gododd Cwnstabl Roberts i helpu Emyr efo'r teledu, trodd hi ato a dweud wrtho nad oedd ar ei gŵr angen unrhyw help ac y gallai hi ei sicrhau o nad oedd ffordd i neb ddianc drwy'r parlwr bach.

Ymhen ychydig eiliadau, clywyd sŵn nodweddiadol cartŵn drwy'r drws agored a dychwelodd Carol ac Emyr i'r parlwr. Eisteddodd pawb wedyn i ddisgwyl am y ditectif. Poenai Olwen y byddai o'n un o'r creaduriaid slei hynny fyddai'n gwenu'n glên arnoch ac ar yr un pryd yn eich hudo i ddatgelu'ch cyfrinachau duaf; fe'i siarsiodd ei hun i fod ar ei gwyliadwriaeth rhag iddi ddatgelu gormod iddo.

Ond pan ddaeth y Ditectif Arolygydd Armstrong, fe wyddai hi ar unwaith nad oedd peryg yn y byd y byddai hi'n ymddiried ynddo'n ormodol. Dyn mawr, pryd tywyll oedd o, efo acen Lerpwl mor drom fel na fedrai Olwen ddeall hanner yr hyn a ddywedai. Wnaeth ei hanallu hi i'w ddeall heb droi at Lynda'n gyson am gyfieithiad ond ychwanegu at yr hwyliau drwg oedd arno, oherwydd iddo gael ei anfon i berfeddion gogledd Cymru ar fater mor syml pan oedd ganddo lawer o bethau gwell i'w gwneud.

Cyfarthodd Armstrong nifer o gwestiynau am oedran Paul a'i swydd a'i sefyllfa ariannol a phwy oedd biau'r tŷ, yn union fel petai o'n amau Olwen o fod yn llofrudd ddeg gwaith drosodd. Yna, mi drodd i holi'r lleill am y llythyrau a gawsant a theimlodd Olwen ryddhad yn llifo drosti.

Yna, wedi rhoi cyfarwyddyd i'w sarjant i daro golwg ar nod-iadau Cwnstabl Jones, cododd y Ditectif Arolygydd i fynd. Cododd Olwen hefyd ar ei thraed i'w hebrwng allan, gan ddiolch iddo am ddod fel petai o yno ar ymweliad cymdeithasol. Ond wedi cyrraedd drws y parlwr, fe oedodd Armstrong, rhoddodd ei law ym mhoced fewnol siaced ei siwt ac estynnodd swp o lythyrau. Adnabu Olwen ysgrifen Paul ar yr amlenni, a theimlodd ei choesau'n sigo oddi tani.

'*These letters were beside the body,*' meddai, gan wenu am y tro cyntaf, oherwydd bod ei dasg ddiflas bron ar ben. '*We didn't know at first who they were for. Just Christian names, you see—Carol, Sandra, Lynda, and Kevin. Still . . . now we know, don't we? We haven't opened them, but we'd appreciate a look at them after you've read them.*'

Fe ddeallodd Olwen bob gair o'r araith fach honno, acen Lerpwl neu beidio. Safodd yno fel delw wrth i'r llythyrau fynd o law i law mewn ystafell oedd yn dawnsio o'i chwmpas. Ildiodd ei choesau oddi tani gan beri i'r sarjant tew o Sais neidio yn ei flaen i afael ynddi a'i gosod yn y gadair wag agosaf. Oddi yno, cafodd weld pob un o'i phlant yn derbyn, yn agor ac yn darllen eu llythyrau. Teimlai Olwen fel un condemnedig yn edrych allan trwy fariau'r gell gan wylio'r seiri'n codi'r grocbren. Bron nad oedd hi'n dal ei gwynt yn barod am yr ebychiadau o syndod, o ffieidd-dra, o gondemniad, oedd i ddod.

Ond ni ddaethant. Carol oedd y gyntaf i orffen darllen ei llythyr, a wnaeth hi ddim ymateb i'w gynnwys mewn unrhyw ffordd weladwy na chlywadwy, dim ond estyn y ddalen i'r arolygydd heb ddweud gair.

'*It's all in bloody Welsh!*' gwaeddodd hwnnw. '*You . . . What's your name?*'

'*Jones, sir.*'

'*It would be, wouldn't it? Well, Jones, tell me what this says— just a rough idea for now. I can get it translated properly later.*'

Gwrandawodd Olwen yn astud ar ymdrechion trwsgl y cwnstabl i gyfieithu ar y pryd, gan frwydro'n erbyn ei hysfa i rwygo'r papur o'i law a'i ddarllen drosti ei hun. Ond yn fuan iawn daeth yn amlwg nad oedd ganddi ddim i'w ofni o'r llythyr hwnnw. Doedd ynddo ddim gair amdani hi nac am Tecwyn, dim ond edifeirwch Paul na fu'n well tad i'w blant a'i benderfyniad nad oedd bwrpas i'w fywyd wedi iddo golli parch a chariad ei deulu. Diweddai'r llythyr efo cyngor i Carol gofio mai ei phlant oedd trysor gwerthfawrocaf ei bywyd.

Roedd rhyddhad Olwen gymaint nes y bu bron iddi ddisgyn oddi ar ei chadair. Rhoddodd y sarjant ei law allan i'w sadio. Mynnodd Armstrong fod Jones yn darllen pob un o'r llythyrau, er bod y pedwar yn union yr un fath, heblaw am y frawddeg olaf. Bron na allai Olwen weld Paul yn eu copïo allan air am air yn ei lawysgrifen ofalus yn yr ystafell amhersonol honno a ddewisodd ar gyfer ei ddiwedd. Ac yna'n dychwelyd at y llythyrau yn eu tro i ychwanegu un frawddeg fach o gyngor personol i bob un o'i epil. Y geiriau hynny am y plant i Carol, ymddiheuriad i Sandra na chafodd o ddod i'w gweld ym Mharis, argymhelliad i Lynda i gario ymlaen efo'i phiano beth bynnag ddeuai i'w rhan, ac i Kevin, y frawddeg fwyaf teimladwy o'r cwbl, yn dweud wrtho mor falch oedd ei dad ohono ef, ei unig fab, ac yn ei siarsio i ofalu am ei fam a'i chwiorydd yn y dyfodol.

Mynnodd Armstrong fynd â'r llythyrau efo fo, gan addo eu hanfon yn ôl wedi iddo orffen efo nhw. Ac yna, heb air o ddiolch nac o gydymdeimlad, aeth ymaith â'i sarjant i'w ganlyn. Cododd Jones a Roberts hefyd i fynd, ond trodd y Cwnstabl Jones i siarad efo Olwen fel petai hi'n hen wreigan fusgrell a thrwm ei chlyw.

'Mi fydd rhaid cael post mortem,' meddai, gan blygu wrth ei hochr a chodi ei lais. 'Ac felly, mi fydd hi beth amser cyn iddyn nhw ryddhau'r corff ar gyfer yr angladd. Ac mi fydd gofyn i un ohonoch chi gadarnhau mai Mr Le Grand ydi'r corff.'

'Mi wna i hynny,' cynigiodd Kevin, ei lais eisoes yn magu'r awdurdod a oedd yn gweddu i ŵr y tŷ.

'Iawn,' meddai Jones, gan wneud nodyn yn ei lyfr. 'Yma byddwch chi?'

'Ie. Does yna'r un ohonon ni am adael Mam tan ar ôl yr angladd, o leia. Rydan ni wedi cytuno ar hynny.'

'Diolch yn fawr, Cwnstabl,' meddai Olwen, a cheisiodd ei hebrwng ef a'i gydymaith ifanc rywfaint o'r ffordd at y drws.

Sylwodd Carol ar ei gwendid ac unwaith roedd y drws wedi ei gau, mi ddechreuodd siarad efo'i mam fel nyrs yn trin claf.

'Yn eich gwely y dylech chi fod,' meddai.

Ildiodd Olwen i orchymyn Carol yn eithaf anfodlon, ond unwaith yr oedd hi'n gorwedd ar ei gwely, daeth cwsg yn gysur iddi ymhen ychydig funudau. Deffrôdd i glywed sŵn car oddi allan, a gwyddai ar unwaith mai Tecwyn oedd yno. Roedd hi wedi anghofio popeth amdano! Neidiodd o'r gwely gan feddwl agor y ffenest a'i rwystro rhag dod i'r tŷ. Ond roedd hi'n rhy hwyr. Lapiodd ei gŵn gwisgo amdani ac roedd hi ar ben y grisiau mewn pryd i glywed sŵn ei draed yn croesi llawr y gegin.

Mae'n rhaid fod Carol wedi dod allan o'r parlwr fel y dôi ef trwy'r drws o'r gegin. Gallai Olwen deimlo'r tyndra rhyngddynt o ble'r oedd hi. Camodd yn ôl i'r cysgodion wrth ddrws yr ystafell ymolchi.

'Hylô, Carol!' clywodd lais Tecwyn, yn ddigon cwrtais ond yn amlwg yn ddiamynedd. 'Roeddwn i'n gweld fod eich ceir chi'n dal i fod yma. Rydach chi'n hwyr iawn yn cychwyn. Dwi wedi dod i nôl eich mam.'

'Nôl Mam? I be, deudwch?'

'Dydi hi ddim wedi deud wrthych chi byth?'

Dim ateb. Disgwyliodd Olwen am gwestiwn Carol, ond bwriodd Tecwyn yn ei flaen cyn iddo ddod.

'Lle mae'ch mam? Rydw i'n hwyr yn barod.'

'Fydd Mam ddim yn mynd i unman heddiw, Mr Hughes,' meddai llais Kevin, oedd yn amlwg wedi dod i roi cefnogaeth i'w chwaer wrth ddrws y parlwr. 'Wydden ni ddim fod ganddi hi unrhyw drefniant efo chi neu mi fuasen ni wedi cysylltu efo chi.'

'Mae Mam yn ei gwely'n gorffwys,' meddai Sandra mewn llais oedd yn datgan fod arni angen gorffwys ei hun.

'Tewch!' oedd ymateb Tecwyn. 'Ydi hi'n sâl?'

'Wedi cael dipyn o sioc y mae hi,' esboniodd Kevin.

'A ninnau hefyd,' ategodd Carol. 'Pawb ohonon ni.'

'Welsoch chi gar yr heddlu?' gofynnodd llais Lynda.

'N . . . naddo,' atebodd Tecwyn, efo tinc o ansicrwydd yn ei lais am y tro cyntaf. 'Rydw i wedi bod yn y dre drwy'r bore.'

'Mae Dad wedi . . .' dechreuodd Carol, ond fedrai hi fynd dim pellach.

'Wedi ei ladd ei hun, yn ôl yr heddlu,' cwblhaodd Kevin.

'Yn Lerpwl,' ychwanegodd Lynda.

'O . . . O, mae'n ddrwg gen i glywed. Ga i air byr efo'ch mam . . . i gydymdeimlo?'

'Mae Mam yn ei gwely, Mr Hughes,' meddai Kevin yn awdurdodol dros ben.

'Dim ond gair bach . . . ,' clywodd Olwen lais Tecwyn yn dweud—a gwyddai i sicrwydd nad oedd arni eisiau siarad efo fo, ddim rŵan, efallai ddim eto byth.

'Mi a' i i weld ydi Mam yn effro,' cynigiodd Lynda, a chlywodd ei mam sŵn ei throed ar y ris isaf.

Wyddai Olwen ddim ei bod hi'n medru rhedeg mor gyflym. Heglodd hi am ei llofft, lluchiodd ei gŵn gwisgo dros gefn y gadair, a neidiodd i'w gwely, gan gymryd arni ei bod hi'n cysgu'n sownd. Chlywodd hi mo Lynda'n dod i sbecian rownd y drws, ond ymhen rhyw ddau funud mi glywodd hi sŵn car Tecwyn yn mynd i ffwrdd a llais Owain rywle y tu allan i'r tŷ:

'Be oedd hwnna isio, Dad?'